辛口サイショーの人生案内DX（デラックス）

最相葉月

まえがき

お待たせしました。お待たせしすぎたかもしれません。五年半ぶりの第二弾、その名も『辛口サイショーの人生案内ＤＸ』でございます。

ＤＸってなんぞやというご質問があると思うので最初に書いておくと、巷（ちまた）の中高年をあたふたさせているあのＤＸ（デジタル・トランスフォーメーション）ではなく、すんなりデラックスと読んでいただいて結構です。第一弾のときに、薄すぎる、もっと読みたい、出し惜しみするな、とのご要望を約三名からいただいたため、大幅増量してのお届けとなりました。

この間も変わらず、読売新聞「人生案内」の回答者の一人として、いろいろなお悩みにお答えしてまいりました。それはもう、いろいろあり過ぎて書き切れないほどです。二〇二〇年春からのできごとがあまりに衝撃的な、世界中を巻き込むレベルの異常事態であったため、一時はご相談が寄せられるだろうかと危ぶむ声もありました。

まえがき

ところがどっこい、嵐が吹いても家が傾いても、町中がマスク人間だらけになっても、不倫や嫁姑（よめしゅうとめ）問題はなくなりませんし、毒親は健在でした。パンデミックでみんな大変なときに不謹慎じゃないかと思って誰にも相談できないでいた密（ひそ）かなお悩みが、社会の公器である新聞に続々と寄せられているのでした。

近年はＳＮＳをめぐるご相談も多く、そんなに苦しいなら止めればいいのにと思うのですが、ＳＮＳを止めるという回答だけはやめてくれと条件を付けてくる方もおられます。夫婦共働きが当たり前となる一方、孫が祖父母の世話をするヤングケアラー問題もここ数年で急浮上しました。

人生いろいろ。みなさんのお悩みはＤＸどころか、海よりも深い。私の回答が役に立つかと言われると、正直自信はありません。相談しなきゃよかったとお怒りの表情も目に浮かびます。口にしないほうがいい真実もあるなんて言われた日には、もう歌うしかありません。岡山出身のシンガーソングライター、藤井風さんのように。〝それは何なん　先がけてワシは言うたが　それならば何なん　何で何も聞いてくれんかったん〟って。

相談するほうもされるほうも、そんなもんじゃないでしょうか。いや、お互い真剣勝負であることは間違いないんですけどね。

二〇二一年七月

目次

I 恋愛・浮気・不倫・夫婦にまつわる人生案内

II 親子と家族にまつわる人生案内

Ⅲ　老いと介護にまつわる人生案内

Ⅳ 「私」と「社会」にまつわる人生案内

Ⅴ コロナ禍と人生案内

エピローグ　もっと激辛！人生案内

プロローグ

激辛！
人生案内

夫のせいで私の価値下がる

（神奈川・O子）

2021.2.9

？

40代の女性公務員。夫との結婚生活に幸せを感じられません。

彼は学歴が低く、給料も安くて不安でしたが、いざとなれば離婚すればいいと思って結婚。子どもができてから不安が不満に変わりました。ママ友との話題が夫の学歴や仕事になると嫌なのでハラハラします。周りの人は注文住宅やタワーマンションなのに、わが家は小さな建売住宅。周りとの格差を感じるたびに、夫のせいで私の価値が下がっていると思ってしまいます。

夫には不満を伝え、離婚の話も出ました。でも、シングルでは今より生活レベルが下がり、自分が忙しいときに助けてもらえる人が近くにいないなど、デメリットも多いため踏み切れません。私の気持ちを知った夫もつらいと思います。

どうしたら幸せを感じられるのでしょう。やはり離婚するのがいいでしょうか。

離婚されたらよろしいんじゃないでしょうか。あなたは働いてらっしゃるし、将来も比較的安定した収入を得られますよね。幸せを感じられないどころか、自分の価値を下げてしまうような相手と同じ家で暮らし続けるほど、苦痛なことはありません。何を迷うことがありましょう。

❖　❖　❖

ご主人も同じことを考えていると思いますよ。学歴や収入、家の種類で人間の価値を判断する妻と暮らすのはもうこりごりでしょうから。人を見る目がなかったと、今頃反省されていることでしょう。

一つだけ、心に留めておいていただきたいことがあります。目に見えるものだけに価値を置く生き方は、いずれ目に見えるものに裏切られ、破壊されます。サン＝テグジュペリの『星の王子さま』で、王子さまはキツネに言われましたよね。「ものごとはね、心で見なくてはよく見えない。いちばんたいせつなことは、目に見えない」って。

赤いバラのわがままに愛想を尽かして旅に出た王子さまが、自分にとって何がかけがえのないものなのかに気づく有名な場面です。

え、まだ読んでらっしゃらない。だとしたらぜひ一度、お読みください。離婚はそれから決めても遅くないと思いますので。

専業主婦の人に複雑な思い

（千葉・K子）

2019.6.1

？

30代女性会社員。専業主婦の存在に憤りを感じ、身近な友人や義理の母に嫌悪感を抱いています。

私は努力して国家資格を取得し、正社員になりました。夫に頼らなくても暮らしを守れるように経済的自立を果たしています。料理は週末にまとめて作って冷凍するなど、生活も工夫しています。

その一方、夫が会社員だというだけで、国民健康保険料や国民年金保険料を払いもせず、平然と生きている女性が許せません。多額の納税もせず、生活の工夫もしていないからです。今は女性が結婚後も働くことは一般的で、生活を守るためにみんな必死に努力しているはずです。

しかし、このように考えていると自分の心が穏やかではなくなってしまい、苦しいのです。どのように考えれば、専業主婦に対して寛容になれるのでしょうか。

私は専業主婦を許せないと思ったことは一度もありません。あなたのように経済的な判断基準で専業主婦の友人を見たこともありません。なぜかといえば、あなたの指摘するような不公平は制度上の問題であって、専業主婦の人たちには何の罪もないからです。

❖　❖　❖

専業主婦の価値を一言でいえば、いつも家にいる、その存在にこそあるのではないでしょうか。家事を賃金に換算して専業主婦の仕事を評価する考え方がありますが、経済面でしか見ない点ではあなたと同じロジックに陥っています。

本当の価値は往々にして目に見えず、私的で、お金になりません。私は幼い頃からギターの弾き語りで遊んでいたのですが、母が不在だと弾く気さえ起こりませんでした。別の部屋でもいい、母に聴こえているというだけで弾きたくなったものです。おかげで音楽が好きになり、本まで書いてしまいました。私の父やきょうだいも、それぞれ母が家にいてよかったと思う理由があったはずです。

あなたの友人や義母も、他人には計り知れない価値をそれぞれの家族に与えていると思います。それを知らない他人が愚弄するのはお門違い。自分が本当は何を嫌悪しているのか、矛先を間違えてはいけません。

身勝手な弟びいきの母

（埼玉・R子）

2020.4.1

？

60代女性会社員。夫に先立たれて子どもは独立し、独り暮らし。実家との関係の打開策をお尋ねします。

実家には80代の母と50代独身で無職の弟が住んでいます。私は月一回、車で実家に行き、90代の父が入所する特別養護老人ホームに母を連れていきます。

しかし先日けんかをしました。弟が私の旅行土産を礼も言わずに食べ、あげくに携帯電話に充電する私を電気泥棒呼ばわりしました。母は仲裁するどころか弟の味方をし、いつも父のことで弟に世話になっているのだから、「礼を言ってもいいくらいだ」と言うのです。

お金を実家に入れない弟が親の世話をするのは当然です。私は夫の賞与でみんなを旅行や外食に連れていき、親孝行しました。家賃も入れない弟に母が丸め込まれているのを腹立たしく思います。どうしたら母は改心できるでしょうか。

改心させたいのは弟かと思いきや、なんとお母様ですか。弟を甘やかさないでほしいのでしょうが、この期に及んで二人の関係を変えられるものがあるとすればただ一つ、お母様の健康に黄信号が点滅することぐらいでしょう。誰もそんなことを望みませんよね。

弟さんは本当に何もしていないのでしょうか。そばで見守ってくれているだけでご両親はどれほど心強いか。一方、自分たちの都合でたまに現れては家族を旅行や外食に連れていくあなた方夫婦を、弟さんがどんな気持ちで見ていたか想像したことはありますか。

あなたは夫に先立たれたものの子どもは無事独立し、仕事もある。自由に旅行し、お土産を買って帰る余裕もある。両親に会うのは月一回程度で介護を手伝うわけでもありません。あなたがご自分の暮らしを優先できるのは、弟さんのおかげではないですか。この働きはお金に代えられるものではない。お母様が言うとおり、あなたこそ礼を言わねばなりません。

親亡き後の関係に負担を感じているのかもしれませんが、老いゆく両親に寄り添う弟さんは、あなたが思うよりずっと豊かな内面をお持ちのはず。改心しなければならないのはご自分ではありませんか。

❖　❖　❖

突然離婚切り出された息子

（千葉・T子）

2017.10.27

？

60代の主婦。嫁が息子に離婚を求めてきましたが、息子は関係修復を希望しています。親としてどう支援すべきか悩んでいます。

嫁は孫を出産後、保育園に預けて職場に復帰しました。ところが今夏、孫を連れて実家に帰ってしまったのです。嫁だけに家事や育児の負担がかかっていると不満だそうです。その後、「離婚してください」と一方的に言ってきました。息子が帰るように説得しても聞きません。

息子は性格が穏やかで、今まで大声でどなったことなど一度もありません。家事や育児に関しても、できるだけやっていたのは、私からも見て取れました。

嫁には、二度の離婚歴がある姉がいます。私は嫁の背後に男の存在を疑いましたが、証拠らしきものは見つかりませんでした。息子は嫁と孫娘を愛しています。心が日に日に陰ってきているようです。できる限り早いご回答をお願いします。

❖　❖　❖

できる限り早く回答がほしいとのことなので、急いでお答えします。支援は一切不要。金輪際（こんりんざい）、あなたはこの問題に口を出さないでください。以上です。

お怒りでしょうね。真面目に相談しているのにまるで他人事（ひとごと）。息子が心の病気になったらどうするの。サイショーは回答者の資格なし——そんなクレームを思わず想像してしまいます。

だって、あなた怖いんですもの。「背後に男の存在」だとか「二度の離婚歴のある嫁の姉」といった表現は、嫁に非があると言わんばかりの印象操作ですよ。

なぜ息子さんが優しく、大声でどなったことなど一度もない人間になったのか考えたことはありますか。息子さんが何か言ったり感情を表したりする前に、いつもあなたが先回りして代弁していたからではないかと私は思います。お嫁さんは、そんなあなたに何も言えない息子さんに愛想を尽かしたのでしょう。

もちろんこれは想像ですが、的外（まとはず）れとまではいえないのでは。夫婦には夫婦のプライバシーがある。たとえ母親でも、首を突っ込むのはマナー違反です。息子さんに会うのはしばらく控え、そろそろ真剣勝負させてあげてください。

苦しいうつ病冷たい妻

（R男）

2019.1.10

？

40代男性医師。妻について相談します。

私は数年前、うつ病を発症しました。私と同じ医師の妻に支えてほしかったのですが、「すべて自分で解決すること」と突き放した態度を取られました。妻は数年前に開業してから、私への態度が変わり、医師を交えた三者面談でも人ごとのような態度でした。

涙を流すほどのつらい闘病生活の中、できる限り家事や育児をしたつもりですが、どんな状況でも同等の家事を求める妻は納得できなかったのかもしれません。

実母が支えてくれ、「よくがんばりました」という励ましの言葉は主治医と母からのみでした。義母にも何度か相談をしています。

仕事は再開することができました。冷え切った夫婦関係を修復したいのですが、妻は私の何もかもが気にくわないようです。将来自分が何かの岐路に立たされた場合、家族として何もしてくれないのではと心配です。

あなたを支える第三者が存在し、社会復帰もされているため少々厳しい話をします。ご容赦ください。

❖　❖　❖

妻も今、必死で生きています。自分の名前を掲げた医院を運営するということは、すべての責任を自分が負うということです。とくにあなたの具合が悪かったときと重なる医院のスタートアップ期間は、自分のことしか考えられなかっただろうと容易に想像できます。

家事や育児の分担は共働きなら当たり前です。心身共に余裕がない妻があなたの体調を気遣ったり、感謝を述べたりすることがおろそかになるのは、ある程度仕方がなかったでしょう。

自分が岐路に立たされたとき、妻は何もしてくれないだろうと不安を抱いているようですが、この数年、まさに妻はそんな時間を過ごしていたのではありませんか。あなたは妻の一大事に何をしてあげましたか。「よくがんばりました」とねぎらってあげましたか。独立する妻への羨望で、自分を憐れんでいただけではないと言い切れますか。

妻に母親のような愛情を求めるのは誤りです。夫婦は今、人生最大の転機にある。互いにそれを認め合うところから仕切り直してはいかがでしょうか。

職場紹介した知人がミスばかり

（東京・A子）

2020.1.15

？

50代パート女性。同僚のことが我慢なりません。彼女はサークル仲間で、同い年です。それで意気投合し、私の職場を紹介しました。しかし働き始めるとミスが多く、周囲に迷惑をかけてばかり。それなのに「自分は優秀」と勘違いをし、言い訳ばかりします。
先日、会社の信用に関わるミスを重ね、上からの指示でその仕事を離れました。しかし、担当社員が説明しなかったせいか、彼女は相変わらず「仕事ができるから新部署に配属された」と吹聴（ふいちょう）しています。社員がきちんと指導しないことに納得がいきません。また、同僚が彼女を不快に感じながらも、普通に接しているのも理解できません。
「正義の味方」になることが多い私は、彼女と同じ空気を吸うのが我慢できません。でも仕事を辞めることもできません。どのように気持ちをコントロールすればいいですか。

❖　❖　❖

自分の気持ちをどうコントロールするかを考える前に、目下生じている問題を整理してみましょうか。

彼女の性格とは関係ないところであなたが疑問視するのは、直属の社員の仕事ぶりですね。トラブルへの反応が鈍く、ミスが発生してようやく重い腰を上げたものの彼女への説明は不十分なまま。無責任な事なかれ主義というのでしょうか。これでは彼女が事態を深刻に受け止めて反省しないのも無理はありません。

仲間が彼女に怒りも示さず接していることにもいら立っているようですが、たんに自分に責任がないためでは。みんな自分のことで精いっぱいなのでしょう。

同じ空気を吸うのすら嫌だと思うほど彼女を嫌いになったのは、あなたが正義の味方だからではない。顔に泥を塗られたからです。あなた自身への評価が貶(おとし)められたようでいたたまれない。人を見る目がなかったという自分のミスに直面し続けることの不快さなのでしょう。まずそのことを認めませんか。

彼女に職場を紹介するという恩を売ったときに脳裏をよぎった思いを覚えていますか。優越感がなかったといえますか。彼女の言動に隠れた感情に思い至ることができれば、見える景色も変わると思います。

Ⅰ

恋愛・浮気・不倫・夫婦にまつわる人生案内

異性の友人に距離を置かれた

（東京・Z子）

2020.5.3

？

30代既婚のパート女性。既婚男性の友人から距離を置かれてしまいました。

中学時代の同級生で、数人の仲間で飲みに行くようになってから、私の悩みを聞いて励ましてくれました。とても魅力的な男性です。冗談か本気かわかりませんが彼に口説(くど)かれるようになり、私は気まずくならないよう、夫と仲がいいことをアピールしていました。

私の失態でグループの関係が崩れたときは、彼が私をかばう形で解決してくれて、今まで以上によい友人になれると思ったほどです。それなのに、口説いてきたのは本気だったとわかり、それを境に距離を置かれてしまいました。今は連絡をしても返信がありません。

生まれて初めて考え方や人柄を尊敬した相手です。もっと交流していろいろ学びたかったので、とても残念に思います。私たちがまた友人に戻ることはできるでしょうか。よい方法があれば教えてください。

既婚の男女に友情は成立するか。賛否両論のあるテーマですが、成立するとしたら一つ条件があるように思います。双方の配偶者が二人の関係を理解しているということです。

❖　❖　❖

あなたの夫は彼を知っていますか。彼に悩みを相談したのは、夫では解決できなかったからですか。そもそも夫には相談していない、あるいは夫についての相談だったのでしょうか。

いずれにせよ、こんな深刻な話をするのは自分に好意があり、ほかに頼る先がないからに違いないと彼は思ったでしょう。あなただって彼ほど魅力的な人に会ったのは初めてと書いていますね。尊敬と愛情は紙一重。夫で満たされなかったものが彼にあるのは確かで、彼はそれを自覚したうえであなたの心の隙に入り込もうとしたのでしょう。

昔のような友人に戻りたいとありますが、一方的に助け、教え、励ますばかりの関係では友情は成立しにくいものです。自分も頼られ、尊敬される人間だったかどうかを振り返ってみれば、彼が連絡を絶った理由がわかるのではないでしょうか。そもそも恋愛感情が絡んだ時点で、対等であるべき友情のパワーバランスは崩れていたのですが。

元彼の仕打ち今もトラウマ

（京都・G子）

2020.4.14

？

20代の女子学生。元彼に傷つけられたトラウマで悩んでいます。

彼はいつもお金がなく、ご飯に行くときの交通費とご飯代は私が払っていました。日常的に「世界中の人からお前は嫌われている」などと暴言を吐き、怖くてただひたすら謝ることしかできませんでした。

こんな扱いをされても彼が好きで、どれだけ傷つけられても会えるならかまわないと思っていました。でも突然、私の不注意による以前のケガの治療費を要求され、別れるのが嫌で払いましたが、許せないからとふられてしまいました。彼が嫌った私の友人との関係も壊されました。そんな自分の意志の弱さが自分で許せません。つらくて一瞬でも忘れようと、毎晩お酒を飲んでも、朝になると彼の暴言が思い出され、悲しくなります。

今後、どのような生き方をすれば、人生を楽しむことができるでしょうか。

自己愛の塊(かたまり)のような人とつきあったのですね。ふがいない自分を肴(さかな)に飲み明かすのは、出口の見当たらない水中洞窟(どうくつ)を泳ぐようで苦しいことでしょう。

❖　❖　❖

暴言は自信のなさの裏返しです。彼はあなたをこき下ろすことでしか、自分のプライドを保てなかったのでしょう。惚(ほ)れた弱みに付け込んで、あなたの感情とお金を都合よく利用した。それほど弱い人間だったということです。

ふられてよかったと思えませんか。もしあなたから別れを告げていたら、金づるを失った腹いせに仕返しされていたかもしれません。命拾いしたのです。

あなたには大切な友人がいますね。彼がその友人を嫌ったのは、あなたから相談先を奪って自分の思いどおりに支配するためでしょう。友人はおそらく彼の本性を見抜いてあなたを心配していたはずです。事の経緯を打ち明けて詫(わ)びてはどうですか。自分を大切に思ってくれている人との時間を取り戻すことが、リハビリの第一歩です。

失敗は誰にでもありますし、あなたはまだ若い。傷ついてもいいと思うほど人を愛した経験を肥(こ)やしに、これからの人生をしっかりと生きてください。

女子高校生 先生に性的関心

（千葉・B子）

2019.11.27

?

大学受験を控えた女子高校生。学校の先生を性的に見てしまうことに悩んでいます。

その先生は30代独身です。生徒の人気が高いわけではなく、顔も全然かっこよくありません。ごく普通です。それなのに先生をそういう目で見てしまいます。

最初は先生のごつごつした指に男の人らしさを感じてドキッとしました。それからだんだん先生のことが頭から離れなくなりました。

先生ともっと話したいと、得意教科なのにわざとわからないふりをして質問に行ったり、人間関係など勉強以外のことを相談したりしています。先生はなんでも親身に聞いてくれます。

卒業後でいいので、許されることならば抱いてほしいという気持ちが大きくなるばかりです。受験生なのに、どうしてそんな気持ちになるのか、情けなく恥ずかしい。どうしたらよいでしょうか。

受験の頃を思い出してほほえましくなりました。私の場合は塾の先生でした。二枚目でもなく、女子生徒に人気があるわけでもない。メガネをかけたおとなしい理系の大学院生でした。

講義の日は朝からドキドキ、わざと質問を用意して出かけました。受験を控える身では打ち明けることもできず、音楽を聴いて涙を流したこともあります。

あなたの年頃の女性が頼りがいのある身近な男性を好きになるのは自然なことで、多くの小説や歌になっています。性的なことをあれこれ想像するのも恥ずかしいとか間違っていると思う必要はなく、大人へと成長している証拠なので心配しないでください。

得意教科なのにわからないふりをするのはむずかしいでしょうから、志望校の過去問題を探してみてはどうですか。受験にも役立つので一挙両得です。大好きな先生でいてもらうためにも、今は本分に集中してくださいね。

ちなみに私の場合、大学に合格した途端、塾の先生への思いは消えました。吊り橋を渡るときのように、緊張感の高い状況で出会った人に恋愛感情を抱きやすくなることを「恋の吊り橋理論」と呼ぶそうで、まったくそのとおりであったなあと思う次第です。

❖　❖　❖

仮設暮らし後夫と同居続けるべきか

（K子）

2018.12.26

？

50代自営業女性。別居中の夫の相談です。

今年の西日本豪雨で被災し、私は仮設住宅で暮らしています。夫は被災した自宅の二階に「住める」と言って戻っています。

単身赴任をしていた夫が自宅に戻って来た直後に被災しました。夫は私のことなど気にもかけず、なじみの女性とメッセージのやりとりをするため、一人でいることを選び、別居することになりました。

夫は私に対し、これまでも思いやりがありませんでした。以前、私が母の介護でつらかったとき、「助けてほしい」とお願いしましたが、夫は「いやです」と言うだけで何もしませんでした。そのときも別居しました。

私は仕事をしており、独りでも生きていけるタイプです。子どもはすでに独立しています。離婚を望んではいないのですが、仮設暮らしを終えた後、家庭内別居のような同居に戻っても、本当にそれでいいのでしょうか。

先延ばしにしてきた問題に、いよいよ向き合わねばならなくなったのですね。生存を脅かす自然災害はいっとき集団の団結力を強めます。みんなで協力して生き延びようというエネルギーがわいて、当面の危機を乗り越えることができます。

❖　❖　❖

ところが時と共に様子は変化する。前から存在したけれど、災害によって棚上げされた問題が再浮上するのです。部屋から出てきた子どもは再び引きこもり、ぎくしゃくしていた人間関係に終わりが来る。離婚も珍しくありません。被災地の取材をしていて、そんな光景をよく目にしました。

単身赴任と災害は、あなた方夫婦を試しました。関係は改善されないどころか悪化して今に至った。二人の間に流れる空気は、手紙を読むだけで息苦しくなるほどです。お子さんはずっと前から苦々しく思っていたことでしょう。

答えはすでにあなたの中にありますね。誰が言ったか、現代人が一昔前より若いことを示す「年齢七掛け説」という計算法があるそうですが、あなたなら30代。達観するのはまだまだ早い。身軽になって新しい人生に踏み出すのも悪くないと思いますが、いかがでしょう。

夫と性生活がない50代女性

（栃木・O子）

2018.10.27

?

来年退職を予定している50代教員女性。60歳を迎える夫とこの十一年間、まったく性生活がありません。

十年前、夫から求められたとき、「またあとで」と私が断って以降、キスされることもなく、今に至っています。一月に行った旅行でも何もなく、私から求めることもできませんでした。心寂しく感じます。

結婚後、二人の子どもに恵まれ、その子も結婚して家を出ました。優しい夫に感謝していますが、今後も二人で人生を歩んでいかなければなりません。

自分なりに解決方法を考えました。「夫に今の気持ちを伝える」「私が別の男性（いわゆるセックスフレンド）と関係して欲求を解決する」。でも性感染症の心配もあり、こわいことも承知しています。

今はスポーツジムで、欲求をある程度解消しています。今後どうすればいいでしょうか。

熟年夫婦の性生活のお悩みと思って読み始めたのですが、少し違いました。解決方法の一つに、セックスフレンドをもつという選択肢があります。夫との関係を取り戻したいと言いながら、これでは夫への逆襲です。性感染症が危険だと考えている時点でずれています。本当の危険は病気よりも、夫に離婚を突きつけられることです。

夫への愛情は嘘ではないのでしょう。自分の感情の矛盾に気づかないほど切実な問題なのだと思います。道徳的にも倫理的にも常識を踏み外すことが許されない職場から解放されるとなって、抑えていたものが発射寸前なのかもしれません。もしや、ジムで気になる男性に会いましたか。

今どきは未知の男女が知り合う出会い系サイトもありますが、痛い目に遭った知人がいますのでお勧めしません。かといって夫に昔のような性愛を求めるのもむずかしい。手をつないだりマッサージしたりといった、小さなボディータッチから始めて胸の内を正直に伝えてみる、ということぐらいしか思いつきません。

十一年もの間、夫のほうはどのように対処していたのか気になるところですが、そこは不問に付すということでよろしいですね。長い老後も前途多難です。

❖　❖　❖

既婚男性に恋する40代女性

（山口・D子）

2018.10.5

？

40代の女性会社員。二年前に仕事で知り合った既婚男性を好きになってしまいました。同い年の彼の真面目さ、素直さにひかれました。初めて会ったときから既婚と知っていましたが、気持ちを抑えられず、ずっと苦しんでいます。子煩悩（こぼんのう）な彼と結ばれるはずもないのに、諦められない自分がいます。会うのは数カ月に一度の短い時間で、ときどき絵文字入りメールのやりとりもします。

人を好きになるのはとてもすばらしいことです。長い人生、一度でよいから心から愛する人と気持ちを通い合わせたい、そして仕事も充実させたいと思うのはわがままなのでしょうか。先日、婦人科を受診した際、性交渉の体験がないことにびっくりされ、ひどく落ち込んでいます。多くの人が体験できることがなぜ自分にはできないのか。私の人生はどこまで無味乾燥なのかとむなしくなります。アドバイスをお願いします。

一見、二つの悩みが混在しています。妻子ある男性を好きになって苦しいという悩みと、心から愛する人と共に生きて仕事も充実させたいと願うのはわがままか、という悩みです。

❖　❖　❖

よく読むと、実は一つのことを悩んでおられる。抑制的な筆致なのでわかりにくいのですが、あなたは今、その男性と「一度でよいから」関係を持ちたいと望んでいますね。はやる気持ちを抑えるため、手紙を書かれたのではないですか。

引き金となったのは婦人科の受診でしょう。問診では一般的に性体験を聞かれますが、どう答えようと医師は淡々と受け止めます。診察に必要な情報というだけで、それ以上でも以下でもないからです。未経験に驚くとはデリカシーに欠けますが、このとき感じた焦りがあなたの背中を押したに違いありません。

「一度でよいから」とは、それ以上は求めないので願いを叶えてください、という悪魔との取引です。警告しておくと、おそらく一度では終わりません。裁判になる危険性もある。それでもすべて引き受ける覚悟があるなら、踏み越えるのも人生だとは思います。人を好きになるのは理屈ではありませんから。

友人が次々結婚会うのが苦痛

（富山・I子）

2018.2.19

？

20代の自営業女性。独身です。高校時代から仲のいい友人たちが次々に結婚、出産し、会うのが苦痛になってきました。

集まるときは、みんな子連れで来て、話題も子どものことばかり。私には面白くありません。最近、ヨガを始めた話をしたいのに、そんな雰囲気ではなく、むしろ、「へえ、自由でいいね」と言われそうです。

さらに、子どもたちは騒いで遊び、周りの迷惑になると思うのですが、友人たちはほったらかし。仕方がないので私が相手をしています。

一番悲しかったのは、今度ある友人の結婚式で、独身の私が中心になって余興をするよう、みんなが言い始めたことです。自営業を始めたばかりで、それほど時間に余裕はありません。

モヤモヤします。ほかにつきあう友人はおらず、恋人もいません。どうすべきでしょう。

同世代の友人がこれまでとは違う関係性になっていくお年頃ですね。自営業を始めたばかりの勝負時に、身軽な人間だと思われて悶々(もんもん)としてしまうあなたの気持ちはよくわかります。

❖　❖　❖

ちょうど同じ頃にフリーランスになった私の意見が参考になるかわかりませんが、モヤモヤしたり、焦りを感じたりして、親しい友だちと一緒にいても気分がすぐれないのはとても自然な感情だと思いますよ。

ただ彼女たちがあなたの苦痛をわからないように、あなたも彼女たちの本当の苦労はわかりません。子どもの話ばかりになるのは、夫や親には言えずに一人で抱えていたものが一気に噴(ふ)き出すからでしょう。それほど心を許している間柄なのだと思います。

10代を共に過ごした仲間というのは一生もんの宝です。あなただって率直に胸の内を伝えれば、彼女たちははっと気づいてあなたを慮(おもんぱか)ってくれるはず。一番いけないのは黙って不愉快な顔をしていることです。未婚どころか恋人もいないといって自分を貶めているのは、ほかならぬ自分自身ではありませんか。

一人で立つことを決めたのです。誇りをもって働いていれば、彼女たちこそ一番の応援団だったと感謝する日が来るでしょう。

夫への恨みどう処理すべきか

（京都・S子）

2017.7.8

？

40代の女性。夫が十五年前に自営業を始め、私は休みも、大したお金ももらえず、一緒に働き続けました。恨みを拭（ぬぐ）い去れません。

夫は私のスケジュールを管理し、自分がやるべきことも丸投げしました。子どもが小さい頃、家庭との両立がつらく助けを求めても、夫が逆ギレするため顔色をうかがっていました。もともと、会社勤めをしていた夫は、自分のミスで会社に損害を与え、退職しました。仕方なく身内から借金をして自営業を始めたのですが、そのいら立ちをずっと私に向けてきたのです。最近、自営業をやめ、夫は前職に近い仕事に就くことになりました。私が離婚を口にしたためか、態度は少し軟化しています。

しかし、これからも身内への借金を返しながら、この男と暮らすと考えるとつらいです。子どもも離婚を勧めますが、自立するための貯蓄はありません。恨みをどう処理すればいいでしょう。

長い間、夫との暮らしに耐え、がんばってきたあなたに申し上げられることは何もないように思えます。あなたは離婚を口にし、子どもも理解を示している。あとは決断だけです。

❖　❖　❖

離婚によるストレスと、このままどちらかが死ぬまで抱え続けるストレスを比べてみてください。どちらのほうが「マシ」ですか。

別居は選択肢の一つではあります。距離を置き、忙しく過ごせば恨みは多少薄れるでしょう。それで気持ちは収まりますか。経済面については、借金があなた名義であったり、保証人になったりしていない限り、あなたが返済する必要はありません。職探しには苦労するでしょうが、腹をくくればきっと見つかります。

それより気になるのは、あなたが怒りや失望ではなく「恨み」と表現していることです。「ずっと辛抱してきた私の人生を返せ」という叫びに聞こえます。夫が謝罪して済む話なのか、自分の心にもう一度問いかけてほしいと思います。要は、「この男」にまだ愛情はあるのか、この先も愛情を注げるのかということです。

改行もなくぎっしり詰まった手紙に何度も登場する「恨み」の文字。一生分に相当すると思いました。

残りの人生 夫と愛のある暮らしを

（東京・G子）

2017.1.21

？

50代の主婦。高額所得者の夫は結婚して二十五年以上、お金に困らない生活をさせてくれています。文句はないはずですが、今になって、残りの人生は、夫と愛のある暮らしをしたいと切実に思うようになりました。

きっかけは私が一年前、多重がんになったことです。今は落ち着いていますが、入院中、夫は義母と海外旅行に出かけたのです。二人は毎年二回、海外旅行をしていますが、そのときは、延期してほしいと夫に頼んでみました。しかし、「以前から決まっていて仕方ない」と言われました。迷惑をかけないよう、入退院も一人でしました。

一人息子から、夫の人生のモットーは親孝行と生涯現役なのだと聞きました。妻より母親が大切な夫に気を遣って過ごすしかないのでしょうか。お金に困らないのに、愛のある暮らしがしたいと思うのはぜいたくな悩みでしょうか。

大きな不安と痛みを抱えながらの闘病生活、心からお見舞い申し上げます。私はあなたと同年代でまだ若いつもりでいましたが、「残りの人生」という言葉に一瞬凍りつきました。

❖　❖　❖

高額所得者という境遇にあるかないかで回答が変わるかというと、そうではありません。経済的に不自由させていなければ、夫は妻の健康を気遣わなくていいという非情が世の中で通用するはずはありません。そもそもご主人は、おれに迷惑をかけるなと言ったわけではありませんよね。

お金を稼ぐほうがそうでない者より優位に立つというのは、あなたの思い込みです。苦しいのは、あなた自身が抱える負い目ゆえ。背景に何があるのか手紙からはわかりません。ただ、あなたの過度な自己抑制が夫の親離れを妨げてきたことは確かでしょう。豊かに暮らしてこられた半分の功績は自分にあることに、もっと誇りをもってください。

親孝行も生涯現役も立派な信条。ご主人は悪人ではなさそうです。病は、とりわけ予後に不安がぬぐえない重篤な病は、健康なときには見えなかったことに気づかせてくれました。「残りの人生」について、正直な胸の内を夫に伝える日が来たのです。そろそろ甘えてもいいのです。

不倫した夫信用できない

（千葉・R子）

2015.9.16

？

20代の女性。夫の不倫にショックを受けています。

不倫が発覚したのは二カ月前。単身赴任中で、相手は職場の女性でした。夫は、結婚前から私のことを好きでいてくれましたが、私のほうは愛情表現をあまりしませんでした。好きだと言ってくれるからつきあっていたようなもので、交際四年目に妊娠したのを機に結婚しました。夫の気持ちはずっと続くと思っていました。

それだけにショックは大きく、離婚も考えました。夫に別れる気はないようですが、不倫相手とはとても気が合い、もし早くに出会っていたら、私とは別れていたと言われました。不倫相手とは示談し、表面上は落ち着いています。しかし、仕事が忙しいせいか、家に帰ってきても会話はありません。

まだ不倫相手が好きなのかと不安になり、信用できなくなります。どうすればいいのでしょうか。

昨年、愛用していた競技用自転車を知人に譲りました。年齢とルールの厳罰化が原因です。最近その人が自転車の写真を見せてくれました。サドルを新品に交換し、フレームもかっこよくなっている。手放しておいてなんですが、ちょっと惜しい気分でした。

自転車にたとえるなんてとお怒りでしょうが、手紙を読んでそんなことを思いました。手元にあるときはぞんざいに扱っていたのに、人が欲しがっていると知って初めて自分に必要だったと気づく。違いますか。

不倫は許されませんし、許す必要もありません。相手への気持ちをそこまであからさまに打ち明けるのも幼稚なあてつけで、さぞかし不愉快だったでしょう。

ただそれは一方で、そんな僕でもこれから一緒にやっていくつもりはあるのか、イエスなら今度こそ僕をちゃんと見てくれという思いがあるからではありませんか。そこまで言わないとわからないぐらい、あなたは冷淡だった。ご主人はずっと寂しかったのでしょう。

お互いが本当に必要なのか、本音をぶつけ合うときが来たのです。今つなぎとめておかないと、次は本当にいなくなってしまいますよ。

❖　❖　❖

II

親子と家族にまつわる人生案内

不倫続ける義母に嫌悪感

（東京・Ｂ子）

2021.5.9

？

20代の女性。私の夫は、夫の母と家庭のある男性との間に生まれました。二人の不倫関係は今も続いており、私は嫌悪を感じます。

義母は不倫以外でも非常識なところがあります。私の夫は結婚前から借金があり、無駄遣いをやめないので義母に「お母さんから言ってもらえないか」と頼むと「息子のすることに口出ししたくない」と。それでも母親かとあきれます。

さらに腹が立つことがありました。私たちには昨年子どもが生まれ、近々義母が会いにくる予定なのですが、夫のＬＩＮＥを見たら義父、つまり不倫相手も来るらしいのです。それを私に言わなくていいのかと義母が夫に尋ね、夫は「大丈夫」と答えていました。信じられません。私の子をそんな相手に抱っこさせるなんて、汚らわしいです。

私の嫌悪感は過剰ですか。どう対応したらいいのでしょうか。

ご主人はその男性に認知されて育ったようですね。さもなくば妻と子を紹介しようなんて思うはずがありません。養育費も受け取り、相続では嫡出子同等の法定相続分を認められている。夫の立場にたてば、知らぬ存ぜぬで逃げ回る無責任な男性より、よほど誠実な人ではないでしょうか。

❖　❖　❖

あなたが義父母を嫌悪するのは、世間と同じ第三者の目線でしか物事を見ていないためです。それはあなたと夫が夫婦になりきれていないということです。

夫の無駄遣いを義母に注意させようとしましたね。所帯をもつ息子に口出しする姑など迷惑な存在だと思いますが、あなたはなぜか義母はあくまで夫の保護者であれと迫っています。ＬＩＮＥをのぞき見せずにいられないほど二人の仲の良さが妬ましく、義母の、女性としての顔を無意識のうちにかき消そうとしているのではないでしょうか。

親がどんな人であれ、生まれた子どもには何の責任もありません。世間からさんざん冷ややかな目を向けられて悲しい思いをしてきたのに、妻にまで世間と同じ目で見られたら夫はどう感じるでしょう。あなたはそんな境遇に生まれ育った男性と結婚し、子どもを産んだのです。もはや家族、すでに当事者なのです。

父親が女性蔑視(べっし)的な発言

（京都・J子）

2020.7.7

20代の女子大学院生。父親と意見が合いません。父と私は、普段はとても仲のいい親子です。でも、女性差別の話になるとけんかになります。

私は、今の日本の社会は男女平等ではないと思います。ありがたいことに恵まれた環境で育ちましたが、それでも女性だから被(こうむ)る不利益も経験しました。

でも、父はたまに女性蔑視(べっし)的な発言をします。具体的にいうと、こんな調子です。

「オバハンは総じて厚かましいから、オバハンと事故になったら、女は一〇〇%悪くなくて、男が一〇〇%悪いことになる」「おじさんはそうじゃないの?」「おじさんはもっと謙虚だ」「そういう社会にしたのは、男性優位社会なのでは?」「江戸時代の人に文句を言え」

ほかの部分は大好きなのですが、こんな父が恥ずかしいです。

お父様の世代が社会に出てから現在までに、どんな変化があったかをかいつまんでお話ししましょうか。

❖　❖　❖

一九八六年、ちょうど社会人になった頃に男女雇用機会均等法が施行されました。募集や配置、昇進などにおいて、性別を理由とする差別を禁ずる法律です。女性の総合職が採用されたのもこの頃からでした。

ただ現場は急に変われません。私も20代の頃は、お茶くみや灰皿掃除は女子社員の仕事という社内ルールに従いました。社内結婚すれば女性が辞めることが多かったのも事実です。

あれから三十余年、状況は改善されつつあります。組織の幹部として活躍する女性もいれば、自ら起業する女性もいます。セクハラやパワハラへの意識も高まりました。解決すべき問題はあるとはいえ、昔と比べればよくここまでがんばったなと思います。

お父様は戸惑っておられるのでしょう。厚かましい女性もいたと思いますが、「総じて」と言わねばメンツが保てない。負け犬の遠吠(ぼ)えにも聞こえます。むきになって反論せず、過渡期に振り回された男性の悲哀をわかってあげてください。

まだまだ変わらない男性の認識をユーモアと皮肉で変えていくのが、私たちの〝闘い〟です。あなたも未来をつくる一人ですよ。ご活躍を！

男にだらしない母許せず

（北海道・K男）

2020.1.7

？

60代男性医師。90代母の相談です。

口べたな父は子煩悩で、人が嫌がる残業を買って出て、家族のために働きました。一方の母は花札やマージャンに明け暮れていました。幼稚園から帰っても家にいないことが多く、よく泣いていました。浮気をし、大金を男に貢(みつ)ぎました。弟がいますが、父の子ではないかもしれません。

浮気後の夫婦げんかで、母は自分がいかに苦労して家庭を切り盛りしているかに話をすり替え、父をやりこめました。それなのに先に亡くなった父の納棺で「迷惑をかけた」と言うのにはあきれました。

今、認知症となった母は自分の罪を忘れ、穏やかに過ごしています。でも「男は獣(けもの)と同じだ」と言った母、淫(みだ)らな表情の写真の母、いずれも許せません。早く死ねばいいと思います。親子関係からは逃れられませんが、このトラウマへのアドバイスをお願いします。

外道(げどう)の母をもち、つらい幼少期を過ごされたのですね。あなたは、今ではネグレクトと呼ばれる育児放棄の被害者でしょう。認知症になった母親に憤りを覚えるのは当然です。怒りも悲しみももはや通じない。感情の出口が塞(ふさ)がれたようなもので、苦い記憶がどんどん堆積(たいせき)して息苦しいのだとお察しします。

母親を許す必要はありません。ただそんなあなたに代わって、そばにいる誰かに介護などの負担がかかっているはずです。トラウマを理由に責任を放棄するのであれば、それに見合う経済的なサポートを忘れないでください。それは母親のためではなく、あなたのためです。人を救う仕事をしていながら、自分を救えないのはつらいこと。母親と距離を置きつつも、やれることはやったと納得することが、自分自身を救うことにつながると思います。

❖　❖　❖

あなたはお父様の血も受け継いでおられます。お父様はあなたに人を想(おも)い、許す心を教えた。賛同できないにしても、そんな父親がいて今のあなたがある。あなたに救われた患者さんたちの顔を思い浮かべてください。人を笑顔にしてきたあなたが、このまま非情であるはずはないと思います。

育てた孫に彼女ができ寂しい

（福島・D子）

2019.11.9

？

80代女性。孫の男の子のことを相談します。

私は生後十カ月から孫を育てました。祖母に育てられたから劣っていると言われないよう、言葉遣いや礼儀などを厳しく教え、本気で接しました。大学生となり、成人式を迎えた孫は祖母の私から見ても、よい人間に成長したなと思えます。

ある日、車で来た孫が私の買い物のために「乗せていくよ」と言ってくれました。途中、孫は菓子店に車を止め、小さな袋を持って戻り、「この間、ばあちゃんにごちそうになったから、お菓子買ってきた」と言います。袋が二つあり、私と食べるのかと思っていたら、「おいしかったから、彼女にもごちそうしようと思って」と言われました。なんと、彼女ができたのか。だからわが家にもあまり来ないのかと、寂しい思いが消えません。ガールフレンドがいるのは、よい年齢の男の子なら当然でしょうか。お聞かせいただければ幸いです。

事情はわかりませんが、親がいないことに孫が引け目を感じぬよう、精いっぱいの愛情を注いでこられたのですね。祖母思いの優しい青年に成長された様子、自慢のお孫さんでしょう。

❖　❖　❖

彼女の存在に驚かれたようですが、大学生ともなればまったく不思議ではありません。いないほうが心配で、喜ぶべきことですよ。さりげなく打ち明けたのは、祖母を一日も早く安心させたいという気持ちからではないでしょうか。

お孫さんが本当によい青年だと思うのは、あなたと彼女をおいしさでつなげたいと考えているから。食は生きる基本、味は家族の歴史です。二人を大切に思っていなければ言えることではありません。彼女を紹介してくれる日は近い。その日のためにも、あなたは子離れならぬ孫離れの覚悟を決めねばなりませんね。

育てるから見守るへ、新しいステージに入りました。不安もあろうかと思いますが、お孫さんがあなたを見放すなど考えられません。むしろ彼女と一緒にこれまでの二倍三倍の笑顔を届けてくれるはずです。心強いではありませんか。全国のお年寄りが今、あなたをとっても羨ましく思っているはずですよ。

息子の妻 子どもに 予防接種 させない

（埼玉・H子）

2019.8.3

？

60代主婦。息子の妻が予防接種反対派で、六カ月の子どもに一切の予防接種を受けさせていないことを心配しています。

私は医療関係の資格をもっており、予防接種のリスクや副作用も知っています。しかし、乳幼児は一晩で容体が悪くなり、障害を負ったり、亡くなったりすることもあると理解してほしいと思っています。

今は彼女と関係がいいこともあり、強く予防接種を受けるようにと言えません。彼女の母親にも相談しましたが、やはり予防接種反対派で「娘は正しい」と言われてしまいました。息子は受けさせたいのですが、夫婦関係を損ねてまで強くは言えないそうです。

二人の生活に口を挟むつもりはまったくありません。ただ予防接種は子どもに最低限必要なもので、健康に育てるための義務だと思うのです。言うべきではないのでしょうか。

ご心労はいかばかりかとお察しします。真偽不明の情報をもとに予防接種を拒否するのは、「ワクチン忌避（きひ）」といって世界保健機関でも問題になっていることで、短い本欄では語りつくせない複雑な背景があります。医学的知識のあるあなたが、孫を心配するのはごもっともだと思います。

❖　❖　❖

お嫁さんにはメリットとデメリットを整理して科学的に説明して差し上げるしかないのですが、個人の自由を理由に拒まれると説得にも限界があるようです。かかりつけ医や地域の保健センターの力を借りるのが一番ですが、息子さんに伝えてみてはいかがですか。

ちなみに知人の医学者は、接種しなかったからといってすぐ病気になるわけではないが、未接種者がいることは集団の免疫力を低下させる、つまり、あなたはよくても、みんなの健康リスクは増大するんだよと説明しているそうです。集団生活を始めるにあたり、みんなで守り合う大切さというのは大事な視点だと思いますがいかがでしょう。

科学は信じるものではなく、理解するもの。家族を愛するからこそ立ち上がってほしいと今一度、息子を励まし、あなたは情報を精査するという側面から地道に後方支援してあげてください。

大好きな両親の離婚がつらい

（大阪・D子）

2019.6.29

女子大学生。両親のことを相談します。両親は一昨年から別居しています。理由の説明を受けましたが、頭で理解しても心がついていきません。授業の最中に涙が止まらなくなりました。街で家族連れを見ると、幸せだった子どもの頃を思い出し、また泣けてしまいます。今おつきあいしている人とも、きっと別れがくるのだろうと思うと、別れてしまおうと考えてしまいます。

落ち着いてきたと思っていた先日、ついに離婚届を出すと告げられました。そのとき、自分は気持ちに蓋（ふた）をしていただけで、つらさや寂しさはなくなっていないことに気づきました。気持ちがよみがえり、また泣いてしまいます。両親どちらも大好きです。離婚が二人の幸せになる手段なのであれば、受け入れるしかありません。でも大好きな家族がバラバラになることに耐えられません。どうしたら今後明るく過ごせますか。

この手紙を一番読んでほしいのはご両親ですね。でも覆水盆(ふくすいぼん)に返らずであることをあなたはよくわかっていますね。離婚理由が書かれていませんが、あなたは今もご両親どちらも大好きだと書いている。少なくともあなたには見苦しいところを見せぬよう、二人は努力してきたのだと思います。

どちらかが精いっぱい無理をしている可能性はありますが、親を恨まずにいられるよう配慮している二人のやせ我慢を尊重し、あなたはあなたの人生を生きることが第一でしょう。

❖　❖　❖

もちろん、そんなのはきれいごとですよ。あなただって自分でも気づかない怒りの炎を内に抱えているはずです。物わかりのいい娘である必要はない。最後に思う存分、言いたいことをぶちまけたって誰があなたを責められるでしょう。

とはいえ、自分まで負の感情に支配されるほどつまらないことはありません。いつも明るくなくても、いつも笑っていなくてもいいのです。この経験はきっとあなたを強くし、他者への想像力を鍛えることでしょう。出会いと別れを繰り返し、いつか生涯の伴侶と巡り合うとき、あなたは気づくはずです。人生に無意味なことは何一つないと。

私への暴力覚えてない父

（京都・S子）

2019.3.30

？

児童虐待のニュースに心を痛めている20代の女子学生。怒りっぽい父との関わり方について相談します。

酒好きの父は毎晩晩酌をします。十五年ほど前、父とプロレスごっこで遊んでいたところ、突然酔いと怒りにまかせて私をボコボコに殴り、泣き叫んでも母が仲裁に入るまでやめませんでした。その後、気まずい空気の中にいる父がかわいそうに思え、私が父に謝罪して事態は収束しました。記憶は鮮明に残り、どこかで父に恐怖を感じます。ただ、父のお陰で今の私はあるとも感じ、感謝の気持ちもあります。

しかし先日、児童虐待のニュースを見たほろ酔い加減の父から「俺はお前に手を上げたことがあったかな」と聞かれ、ショックでした。悪夢にまで見る出来事が、なかったことになっているのです。本当に覚えていないのかと聞く勇気はありません。父をどう理解すればいいのでしょう。

❖　❖　❖

痛ましいニュースを見るたび、ご自身の経験が思い出されるのですね。推察するに、お父様はいわゆるお酒で人格が変わる人。酔ったときの言動を覚えていないのも典型的な症状ですから、あなたの知らないところでお母様はもっと苦しんだことと思います。

素面（しらふ）のときは思いやりのある方のようなので、リラックスしているタイミングで事実を伝えて自覚してもらえばいいのではないでしょうか。行為は許しても、忘れることは許さないという毅然（きぜん）とした態度で淡々と。感情的になるのは得策ではありません。

私も昔は父によく殴られたのでわかるのですが、大人になるにつれ、あの頃は父も若かったのだ、きっと仕事のストレスがあったのだ、とあれこれ理由を探して理解しようと努めるものです。たとえ親の置かれた状況がそのとおりであったとしても、圧倒的に力のある大人が幼い子に暴力をふるうのは絶対に許されることではないというのが、現代社会の総意です。

たとえ謝罪がなくても落胆する必要はありません。理解するのではなく見切るところから始まる親子関係が、あなたをきっと自由にするでしょう。

六十年前に義兄から性的暴行

（兵庫・K子）

2018.8.22

?


70代の夫婦。思い切って相談いたします。

小学五年生だった秋、姉の婚約者が泊まりに来ました。夜中、何かおかしいと感じ、下腹部を触られているのがわかりました。それが明け方まで続きました。

怖くて起きあがれず、翌朝学校に行けませんでした。「母に言ったら姉の結婚はダメになる」と思い、結局言えませんでした。

社会人になって、姉の嫁ぎ先に車で父を送ったことがあります。怖くて、姉の家には上がりませんでした。このつらい思いを誰にも言えずにきました。

この前の検査で乳がんの疑いがあると言われました。「死」を思ったとき、義兄に「六十年前に何をしたのか覚えていますか」と姉にわからないよう手紙を出したくなりました。このままでは、くやしくて死にきれません。今さらこんなことをいう私は愚かでしょうか。

胸の内を明かしてくださった勇気に敬意を表します。「死」を意識したときに浮上した心残りは、それをしないままでは死ぬに死ねないというものです。あなたが強く自覚されたのは、自分の半生が「あの日」の恐怖に支配されてきたことに対する怒りでした。

❖　❖　❖

この先はあなたが誰の妻でも母でも妹でもなく、一人の人間として、これからの時間をどう生きたいかにかかっています。義兄に突きつけたあと、自分がどうありたいのか。憤怒を抱えたまま生きるのか、それとも、許しを与えるのか。

家庭内の出来事であり、事件を証明する第三者はいません。義兄は知らぬふりをするでしょう。勝手な妄想だと逆ギレされるかもしれません。万一、姉に知られたとしても、信用してくれるかどうかわかりません。これを機に絶縁もあり得ます。あなたの家族は味方になってくれるでしょうか。それも確実ではありません。どんな結果でも受け入れる覚悟をもち、実行なさるのがよいと思います。

六十年間も人知れず苦しんできたのです。たとえ姉夫婦の関係が壊れたとしても、あなたは一切悪くありません。苦しかったことでしょう。人生の最終章ぐらい、清明な心で生きていただきたいと思います。

次男が女性と同居むなしい

（千葉・G子）

2018.3.22

？

60代の女性。心の支えだった30代の次男が女性と同居していることを知りました。人生がむなしいです。

結婚して三十年以上。40代で体調を壊してから、なかなか外出できません。この間、次男は私の癒やしで、大学卒業後に家を出ても、頻繁（ひんぱん）に帰ってきました。

女性の実家は次男のアパートに近く、同居にあたり、次男は親御さんに許可をもらいに伺ったそうです。同居の許可なんてと、信じられない気持ちでした。

親御さんも、20代半ばの娘になぜ同居を許したのか理解できません。次男にそう言うと、「相手の親を悪く言うな」と怒られました。優しい次男の言葉とは思えず、悲しくなりました。

私のことを負担に感じているようです。ときどき、電話で声を聞き、顔を見られればいいだけなのに。つらくて、どう生きたらいいかわかりません。

思いやりのある息子さんですね。先方の親にちゃんと挨拶したのですから立派です。30代になっても好き放題の放蕩（ほうとう）息子と比べてどれほど親思いでしょうか。そんな息子が選んだ彼女もきっと素敵な人だと思います。年齢を考えても結婚は視野に入っているのでは。寂しいでしょうが、近い将来、これまでとは違うかたちであなたを支えてくれるはず……と、そんなアドバイスが今、あなたの中を素通りしていくのを感じました。

むなしさは今に始まったことではないですね。次男が引き金になりましたが、遅かれ早かれ向き合わねばならない問題だったことはあなた自身、よくわかっていたと思います。夫が登場しないところをみると、信頼関係が薄いのでしょう。原因はわかりませんが、あなたは傷を負いました。その傷を理解していたのが次男でした。逆にそれがよくなかった。かわいそうな親でいる限り、癒やしてくれたのですから。

次男との関係性の変化は、自分を憐れまずにはいられないという思考の悪循環に陥っていたあなたを救い出すチャンスです。ゆっくりでも歩き始めて、早く息子さんを安心させてあげてください。自立した親であること――それが真の愛情ではないでしょうか。

❖　❖　❖

絵描きの息子つらそう

（千葉・K子）

2018.1.21

？

50代の主婦。大学卒業後、アルバイトをしながら好きな絵を描いている20代半ばの息子が、正月に帰省し、絵を描くのがつらい、楽しくないと言い出しました。

初めから好きではなかったと言うのです。それなら絵から離れ、したいことを探してみるよう助言すると、「絵をやめてもほかに何もないから、やり続けるしかない。お母さんにこの気持ちはわからない」と、怒ったように言いました。

もともと、言葉数が少なく、大学三年のときに突然、絵を描きたいと言い出し、卒業後、家を出ました。就職をしたくなかったのかもしれませんが、社会の厳しさを知ってほしいと、とやかく言いませんでした。しかし、つらいことをなぜ続けるのか、理解できません。自分を追い込んでいるようにしか見えません。夫は放っておけと言いますが、見守るしかないでしょうか。

芸術家になりたいという人はたくさんいますが、評価されるのは一握り。評価されること以上に、高いレベルを保ちながら創作を続けるのはもっとむずかしい。息子さんは厳しい道を選択しましたね。ご両親が反対なさるのは当然です。ただこればかりはどうしようもありません。誰がなんと言おうが描かずにはいられない。魂に火がついてしまったのですから。

❖　❖　❖

無から有を生むのはとてもつらい。それでも描きたいのです。楽しくない。でも描きたいのです。自分を追い込むことをしない作品に誰が心を動かされるでしょうか。息子さんはもう、あなたには想像できない境地にいます。これまで言葉数が少なかったぶん、言葉にはできない世界が息子さんの心の奥深くに広がっていることでしょう。

正月に弱音を吐いたそうですが、心配することはありません。しょせん親には理解されないという絶望こそ、今の彼に必要だったのですから。就職から逃げているのかどうかは、本人が一番よくわかっているはずです。やめようと思ったらいつでもやめられるから苦しいのです。

これよりほかに道はない、と覚悟した瞬間から始まる道があります。静観されるのがよいと思います。

食事中もスマホいじる母

（長崎・K子）

2017.12.31

？

大学生の10代女性。母が食事中もスマートフォンをいじるので困っています。

日中、母は仕事、私は大学で、ほとんど話をすることがないため、せめて夜は食事を取りながら、一日の出来事を話したいと思っています。しかし、母は食卓に置いたスマホを見ながら、私の話に曖昧な相づちを打つだけです。食事を作っているときは私に話しかけてくることもありますが、食事が出来上がり、私が話そうとした途端、スマホを取り出すのです。

私と話すのが嫌なのか、あるいは一緒に食べるのが嫌なのかもしれず、悲しくてやりきれません。最近は、食事中に母と話すこと自体を諦めています。

母に直接、指摘できればいいのですが、機嫌が悪くなり、冷戦状態になるのが恐ろしくて、ためらってしまいます。どうにか穏便に指摘できないでしょうか。

❖　❖　❖

ママ、元気にしてる？　こちらは家族みんな楽しくやってます。今日はK子の姉として、たってのお願いがあってメールしました。

昨日、K子から久しぶりにメールがきました。大学にもようやく慣れたようで安心したんだけど、一つ気になることが書かれてたの。ママがスマホに夢中で話をちゃんと聞いてくれないって。それって、本当？

母親になり立ての私にも身に覚えがあるので偉そうなことは言えないけど、これって親としてよろしくないよね。スマホが便利なのはよくわかる。メールも、なるべく早く返信したほうがいい。でも、そのために目の前にあるもっと大事なものを見過ごしてるかもって思ったことはない？

ネットに載った情報はいつでも見られるけど、今日のK子には今日しか会えない。どんな友だちがいて、大学で何があったか。食事中ぐらいは聞いてやってくれませんか。ずいぶん悩んでるみたいなので、何か大切な相談があるのかも。

ママはいつも忙しそうだから「ながらスマホ」も仕方ないとは思うけど、今回は妹の肩を持ちました。考えてくれたらうれしいです。じゃ、またね。

と、サイショーがあなたのお姉さんになってみました。伝わるといいな。

高校生の娘が彼と裸の写真

（広島・I子）

2017.4.3

？

40代のパート女性。高校生の娘が、同い年の彼と裸で抱き合う写真を見てしまいました。ショックで、つらくて仕方ありません。

二人は小学生のときに知り合い、今は別の高校に通っていますが、ＳＮＳを通して再会したようです。彼はわが家にもよく夕飯を食べに来ます。とてもいい子です。

写真のことは、娘を問い詰めると泣きながら認め、彼も翌日には謝りに来ました。「娘が好きなら、心も体も大切にしてほしい」と叱ると、彼は「ずっと大切にする」と答えてくれました。

しかし、娘がもう処女ではないと考えると、どす黒い思いが消えません。

娘には、「次に同じことをしたら、夫や彼の両親にも伝える」と脅しのようなことを言ってしまいました。二人を信じたいけれど、あんな写真を見た以上、信じられません。

キス動画をSNSに投稿して、不特定多数の人に見せびらかす中高生カップルがいる時代です。新しい恋人ができたときに相手が傷つくかもしれないなんて、つゆほども想像しない。悲しいかな、これが現実です。

❖　❖　❖

あなたと同じ経験をしたら、誰でも「どす黒い」感情を抱くはずです。行為の真っ最中、部屋の扉を開けてしまった人もいるくらいなので、多くの親が直面する通過点だと思って諦めてください。

それよりあなたが心配すべきは、写真が存在することです。リベンジポルノという言葉をご存じですね。捨てられた腹いせに元恋人や元配偶者が相手との親密な写真や動画をインターネットに拡散させる。法律で罰せられるようになったとはいえ、一度ネット上にばらまかれた写真を削除することはもはや困難です。

彼は好青年という印象ですが、いつこの写真が娘さんを苦しめる材料に化けるかわかりません。軽はずみな行為を叱るのはもちろんですが、万が一にでも写真を流出させるようなことがあれば容赦しないと、毅然として伝えるべきです。

それにしてもあなたの段階で止められてよかった。ご主人が知ったら卒倒して、明日から出勤できなくなることは必至です。

嫁がSNSに身内の悪口

（宮城・F子）

2016.9.28

？

60代の主婦。遠くで暮らす息子のお嫁さんがSNSに、息子や私たち夫婦の悪口を書いているのを知りました。

息子夫婦はお嫁さんの実家からも離れて住み、近くに親戚もいないため、気にかけて米を送り、孫のお祝いも欠かさずに見守ってきました。年に一回帰省し、私たちも年に二回ほど会いに行っています。関係はいいと安心していました。

ところが、娘が偶然見つけたSNSへの投稿で、お嫁さんは夫婦げんかに始まり、息子を育てた私たち夫婦のことも醜（みにく）い言葉でつづっていたのです。お嫁さんの日記を黙って読んでしまったようで、ショックでした。親とはいえ、夫婦仲のことに口出しするつもりもありませんが、お嫁さんの本音なのかと悲しくなります。

今後、どんな気持ちで接したらいいでしょうか。

身内の悪口をＳＮＳに書く嫁も浅はかですが、あなたに告げ口した娘もほめられたものではありませんね。お人好しのあなたには衝撃的でしょうが、場所がインターネットになっただけであって、昔からよくある嫁姑問題にすぎません。

顔が見えないＳＮＳでは誰でも大胆になるといわれますし、嫁もおそらく夫婦げんかの憂さを晴らしたかっただけ。あれが本音かと聞かれたら、彼女自身、戸惑うのではないでしょうか。

❖　❖　❖

とはいえ、読んでしまったからにはこれまでのように接するのはむずかしいですよね。しばらく距離を置いてはどうですか。ここは年長者の堪えどき。孫に会いたい気持ちを抑え、互いの関係を見つめ直すよい機会と受けとめてください。

息子夫婦にはあなたの知らない世界があります。頼る親戚などいなくても、彼らはいろんな人に支えられています。そして今このときも自分たちの力で新しい縁を築いています。遠くで見守っているだけで大丈夫。放っておけばそのうち向こうから連絡してきますよ。

次の里帰りは正月だと思いますが、その頃にはもう、あなたは嫁を許しているはずです。だってあなたはそういう人。手紙を読んだ直感ですが、きっと間違ってないと思います。

外国人の夫　同居の兄に嫉妬

（埼玉・J子）

2016.8.17

？

30代の主婦。結婚して二年の外国人の夫が、実家で同居する私の兄を気にしすぎるため、頭が痛いです。

夫は一年ほど前、家でTシャツにパンツ一枚で過ごす兄を見て、私に「なぜ、あなたは平気なの」と言いだし、口論になりました。「暑いからでしょ」と答えても納得しません。要は、兄の下着姿が私の目に入るのが嫌なようです。最後は叩かれてしまいました。

先日は、私が脱衣所で着替えているとき、兄がドアを開けてしまい、夫がまた機嫌を損ねました。兄も私もよくあることで気にせず、「あ、ごめん」で終わりですが、夫は嫌なようです。

早く家を出て暮らそうと言われますが、根本的な解決になりません。男性タレントにまで焼きもちをやかれましたから。先日は兄に用事を頼んだだけで文句を言われました。どうつきあえばいいでしょうか。

世の中には、家では全裸で過ごす「裸族」なる人々がいるそうです。ある女優が家族全員、裸族だったとテレビで話しているのを見て驚いたことがあります。下着がまとわりつかなくていいとか、いつでも体形をチェックできるとか、理由は人それぞれのようです。

真っ裸とまでいかなくても、入浴後にパンツ一枚でうろうろするぐらいなら身に覚えのある人は多いのでは。家族だから別に気にしない。あなたもお兄様も、そんな大らかな家庭で育ったのだと思います。

ただこうした習慣は家庭環境だけでなく、民族や宗教によって違います。ご主人の国はわかりませんが、家族とはいえご主人にとってお兄様は他人ですから、穏やかではいられないのでしょう。自分が知らない頃の妻を知る男性であることも、ご主人を複雑な気分にさせているかもしれません。叩くのはいけませんが、あなたも少しは彼の気持ちを察してあげてください。

異性のきょうだいと仲が良すぎると、夫や妻が焼きもちをやくのは世間の相場のようです。二年も我慢してくれたのですから、そろそろ実家を出て新しい家族の絆を深めてはいかがですか。夫婦がしっかり結ばれていれば、心配するほどの問題ではなくなりますよ。

❖　❖　❖

III

老いと介護にまつわる人生案内

余命短い父の態度に不満

（栃木・T子）

2020.9.5

?

20代の女性。60代の父が余命宣告されました。でも、どうしても父の態度に腹が立ってしまいます。

父はがんの摘出手術を受け、経過は良好ですが、別の病気も判明。担当医らの意見では「余命は長くても数年」とのことです。今は家で療養しています。

母も私も弟も働きに出ており、同居する祖父母も高齢です。書店などには出かけるのに自分の食器すら洗わない父に対し、「できる範囲でいいから家事もやってほしい」という気持ちが抑えられません。言えば少しはやってくれますが、少しやっただけで「偉いだろう」という目で見てきて、まるで子どものようで正直うっとうしいです。

働きながら父の通院にも付き添う母まで倒れてしまわないよう、父にも家庭という小さな社会に参加してほしい。うまく気持ちを伝えるにはどうしたらいいでしょうか。

がんになると一〇〇〇人に影響が及ぶ。父ががんになったとき、医療社会学者の友人に言われました。
大げさじゃないことはすぐにわかりました。父の職場や医療関係者だけでなく、主たる介護者である私の家族や仕事相手にさまざまなしわ寄せがいったのです。目に見えない人間関係を含めると相当な数でしょう。がんは日本人の死因一位ですから、日本は、がんの影響を受けない人はいない社会といえるかもしれません。

お父様のこと、つらいですね。あなたも両親の気持ちが想像できるだけに我慢している。家事が問題のようですが、「家庭という小さな社会」を越え、あなたの社会人としての時間にもがんの影響が及び、あなたを不自由にさせている証拠です。お父様は自分が世界の中心だと思っている状態ですから、そのことがなかなか想像できません。
家族会議を開きませんか。玄関の外に広がる一人ひとりの社会を知り、どんな無理が生じているかを可視化します。一人で不満を抱えているときとは気分が変わり、協力し合えることも見えてくるでしょう。食器を洗うかどうかが誰かに影響するのですから、甘えるにも覚悟が必要だとお父様も気づいてくださるはずです。進行役はあなたです。

❖　❖　❖

介護に理解ない妹の家族

（京都・O子）

2020.5.19

60代主婦。同居する90代の母親を介護していますが、妹の家族が勝手なことを言います。

母の誕生日に、姪からお祝いが届いたので私からお礼のメールを送ったところ、「おばさんも介護で大変かもしれないけど、おばあちゃんに優しくしてね」と返ってきました。

妹は年に一度、私たち夫婦が家を空けるとき母の面倒をみるくらい。姪はほとんどわが家に来ません。介護の大変なところを知らないくせに、よくそんなことが言えるものだと涙が出てきました。「おばあちゃんはほかの老人に比べたらマシなほうだ」などと言われたこともあります。

母の介護を私たちに任せて申し訳ないという気持ちが、妹やその家族に少しだけでもあれば、介護している私の気持ちも楽になるのにと思います。心の持ちようを教えてください。

世の中には二種類の人がいます。親を介護したことがある人と、ない人です。妹さんも姪御さんもあなたに感謝していないわけはないでしょうが、根本的なところで理解していません。身も蓋もない言い方ですが、やむを得ないのです。

❖　❖　❖

介護は想像力を要する仕事です。食事や排泄(はいせつ)や移動だけではない、細かく多様な事情を想像し、臨機応変に対応できるのは、介護を免(まぬが)れたきょうだいや親戚ではなく、同じような経験をもつ他人です。

私ごとですが、老親の介護を一番理解してくれたのはケアマネジャーさんでした。正解のない問題を前に途方に暮れたときに頼ったのは、介護者と専門家が集まるインターネットの相談サイトでした。どこの誰かも知らない方に「似たような経験があります」と共感してもらったとき、どんなに心強かったか。現場を知る専門家のコメントにどれほど励まされたか。最近は恩返しのつもりで、私も匿名で書き込んでいますよ。

援軍は思いがけない場所にいるものです。妹たちにわかってもらおうなんて願わないのが、楽になる秘訣(ひけつ)です。困っている人がいたら、あなたも誰かの力になれるのです。妹さんが介護する人になった日には、もちろんですよ。

見知らぬ人と肩がぶつかり怒られ続けた

（東京・K子）

2019.10.17

？

60代女性。夏祭りの日にとても怖い思いをしました。

階段を下りていたところ、同年代の男性と肩がぶつかりました。「すみません」と謝って立ち去ったのですが、すごい勢いで追いかけられ、大声で罵声（ばせい）を浴びせられました。

立ち止まり、友人と二人で謝りましたが、向こうは拳（こぶし）を突き上げて殴りかかってきそうです。前を歩く女性に「警察を呼んでください」と叫びましたが、その女性は振り向いただけで立ち去りました。近くから誰もいなくなり、私たちだけになってしまいました。

すると叫びを聞いた、男性の妻らしき人が現れました。女性は男性に向かって「もういいじゃない」「いいかげんにして」と言いながら思い切り手を引っ張っていき、事なきを得ました。こんなときにはどう対応すればよかったのでしょうか。ご助言ください。

最近読んだ小説にこんな場面がありました。タクシー待ちの列に割り込まれた高齢の男性が、車の前に仁王立ちして行く手を塞いだのです。乗客は忘れ物を取りに行っていただけだと係員から説明されますが、最後列に並び直せとどなります。男性が認知症になりつつあることをうかがわせる重要なエピソードでした。

高齢になると脳機能が低下して、感情が抑えられなくなる人が増えることが知られています。あなたがぶつかった男性も、妻らしき女性の言動からするとなんらかの医学的背景があるのでしょう。あなたの対応に問題はなく、助けを求められた場合も警察にお任せするのが適切だと思います。

私にも似たような経験があります。自転車に乗っていたら、高齢の男性とすれ違いざまに大声でどなられたのです。歩道を走っていた私に非があるためすぐに自転車を降りて謝りましたが、怒りが収まらなくて閉口しました。ぶつかったわけではないので車道に出てそっと走り去りましたが、背中にいつまでも罵声が聞こえ、後味がいいものではありませんでした。少なくとも自分は怒りをコントロールできるおばあさんになっていたいと願いますが、これればかりは天のみぞ知るでしょうね。

❖　❖　❖

介護必要な祖母との同居困る

（宮城・Y子）

2019.7.9

女子大学生。医療系に進みたいと思い、勉強しています。家族のことで相談します。

大学が家から遠いため、父の実家を拠点にしています。そこで一人暮らしをしていた祖母は介護が必要になり、施設に入っています。ずっといられるわけではなく、時期になったら施設から出ることが必要になるようです。

先日、父から「祖母を家に戻したい」と言われました。祖母のことは嫌いではありませんが、私は介護ができず、また勉強で忙しいため、祖母の世話をしている暇がありません。家も私と父、祖母の三人だと狭いのです。ただ、祖母の家を使う私にはわがままが言えません。

学業のために祖母の家を使わせてもらっていると思っていたのに、祖母のサポート要員だったのかと思うと、腹が立ちます。身内や友だちに相談できないため、困っています。

祖母の家で気ままな一人暮らしと思いきや、祖母が帰ってくるとの知らせ。なんだ、自分は介護要員だったのかと怒っているのですね。最近はヤングケアラーといって家族を介護する若者や子どもがよく話題になりますが、少し様子が違うようです。

そこはあなたの家ではなく祖母の家。祖母が自宅に帰るのは、まったくもって本人の自由です。あなたが住めるのは特別な配慮によるもので、いやならよそを探せばいいだけです。今どき手頃なシェアハウスもありますよ。祖母をどうするかは本人とお父様が考えること。孫が介護しなくても責められはしないでしょう。

ただ仮にもあなたが目指すのは医療系。老いとはどういうものか、祖母を生きた教科書と思って接することはできませんか。介護保険や地域包括ケアシステムについて学んだり、国の政策の問題点を考えたりすることは、あなたの将来に決して無駄ではないはずです。

今は勉学に勤（いそ）しむ時期であるのは確かです。まず自分ができることとできないことを整理し、実家と連絡を取り合いながら、お父様の後方支援から始めてはいかがでしょう。週に一、二度の見守りだけでも大きな力になるものです。

❖　❖　❖

尽くしても私の悪口言う義母

（神奈川・N子）

2018.1.29

？

50代の会社員女性。同居の義母に尽くしてきましたが、日常的に悪口を言われていることがわかりました。

義母は他人の悪口を頻繁に言うものの、基本的に明るい性格で人当たりがよく、友だちも多いです。私は、義父母の世話、病院や介護相談などへの付き添いなどで尽くし、よい関係を築けていると思っていました。

ところが数年前、私のことも悪く言っていると知りました。「嫁は何のサポートもしてくれず、気遣いもない。自分は孤独だ」「娘がいれば、嫁には頼まない」などと衝撃的な内容でした。「助けてくれて感謝しかない」という私への言葉も白々しく聞こえます。それでも世話をやめるわけにはいきません。義母は自分が同情を買うため、私を薄情な人間にしておいたほうが都合がいいのでしょう。しかし、義母の姉妹らに「少しは面倒を見てあげて」などと言われ、苦しいです。

昔、取材で会ったある作家の妻が言いました。同居していた義母が近所で自分の悪口を言いふらすものだから、外出にも勇気が必要だったと。夫である作家は家庭に無関心だったので、援軍もないままつらい日々を過ごしたそうです。

❖　❖　❖

あなたの夫も手紙に登場しないところをみると、頼りにならないのですね。でもあなたは大丈夫。同情を買うためにいかに自分がかわいそうかを訴える――それが、義母の心理状態だとわかっているのですから。あなたに感謝を伝えるのも、あなたに見放されたくないからです。表と裏の顔を使い分けているのではなく、義母の立場からみれば一貫性はあるわけです。

通院や介護の相談をするうちに気持ちが弱ってきたのでしょう。これればかりは若く健康な人には理解できません。自分で自分のことができなくなったら安楽死したいと望む脚本家の本が多くの高齢者に支持されるのは、それが困難な社会だからでしょう。

義父母はいずれ自分にも訪れる老いと死について、現在進行形で教えてくれているのです。世話してあげる、ではなく、勉強させてもらっているという姿勢で接してはどうでしょう。

高齢OBばかりの緩みきった職場

（S子）

2017.5.4

？

40代の会社員女性。ある会社を定年退職した人が作った会社で働いています。社員の多くがOB仲間で、お気軽に毎日を過ごしています。嫌悪感のみです。飲み会や接待をするのを楽しみにしていて、給料分の売り上げも稼ぎません。OB同士であるため、経営者も何も言いません。これまでは長期休みを取っていたのに、65歳以上も雇用保険の適用対象になると、受給できるよう出勤日数を調整する欲深さ。国の政策と実態が違いすぎます。

現役世代も三割くらいいますが、同様にのんびりしています。給料の五〇〇倍以上の売り上げを出しているのは、私ともう一人くらい。売り上げを伸ばすと、いつの間にか、何の仕事をするかわからないOBが採用されます。

いつかは報われると思ってがんばってきましたが、見込みはなさそうです。会社を辞めようと思っています。私の正義感が強すぎるのでしょうか。

ついに来たか。そんなご相談です。高齢者の雇用拡大の背後で何が起きているか。ご報告に感謝します。

どんな会社でも、一部の優秀な社員の働きがみんなを支えるという構図はありますが、論功行賞が伴えば不満は出にくいはずです。

❖　❖　❖

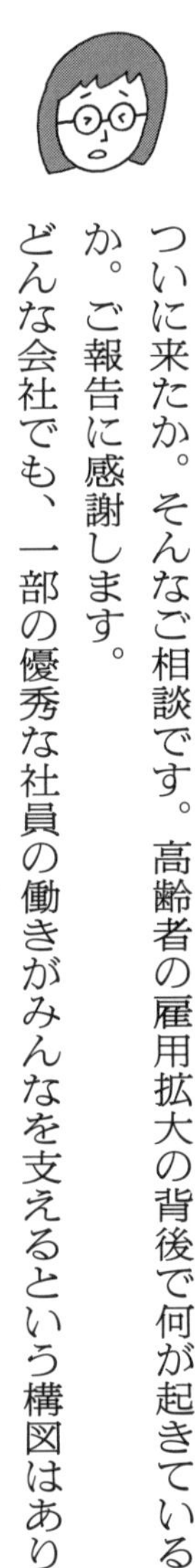

あなたの会社はどうも様子が違う。がんばっても報われず、目に映るのは欲深いOBとのんびり社員。やってられるか、と叫びたくもなるでしょう。

あなたほどのスキルがあればどこへ行っても活躍できると思いますが、ここに相談されたということは心残りもあるわけですよね。正義感も使いようによっては吉と出ます。いつだって辞められるのならば、賛同者を募り、社内改革を提案してみませんか。キャリアを見ても、あなたには十分その資格がある。後進のためにも声を上げるときです。高齢者就労の盲点を今こそ追及せねばなりません。

と、大いに煽(あお)ってみました。あなたが働くのを辞めて家で寝ている姿がどうしても想像できないんです。これって、うちの社の話じゃないかとOBが色めき立つことを期待しますが、そんな敏感な人たちだったら最初から相談しねえよって怒られますかね。

亡き娘について何度も聞かれる

（埼玉・T子）

2016.12.31

？

60代の女性。亡くなった娘のことを、近所のおばあさんに会うたびに聞かれます。悪気はないと思いますが、胸がざわつきます。

娘は20年以上、うつ病で苦しんだ末、30代前半で亡くなりました。七年前のことです。死ぬ一週間ほど前から様子が変わったのですが、今思うと、彼女なりのＳＯＳだったのでしょう。

七回忌が済み、毎日のように泣くことはなくなりましたが、犬の散歩でよく会うおばあさんに、「お姉ちゃんはどうしたの」「所帯をもったの」と聞かれるのです。「死にました」と答えても、忘れてしまうのか、顔を合わせると同じことを聞いてきます。認知症には見えず、つらいです。知り合いに聞くと、やはり認知症ではないようです。適当に答えるよう助言をもらいましたが、聞かれること自体が嫌なのです。嘘もつきたくありません。どう接し、どう言えばいいでしょうか。

近所にロボットが立っているとします。犬の散歩中、「お姉ちゃんはどうしたの」と聞いてきます。「死にました」と言っても、翌日また同じことを聞かれます。ロボットはあなたの娘について聞いているのではありません。それでもあなたは、娘がもうこの世にいないことを何度も確認させられているようでつらくなるでしょう。

❖　❖　❖

おばあさんが認知症かどうかはわかりません。ただ確かな事実が二つあります。一つは、おばあさんの心の中では娘さんが今も生きているということ。もう一つは、あなたも、何度自分に言い聞かせても否定しきれない娘さんの存在を自分の中に感じているということです。ならば、おばあさんの心には、あなたも心で答えればよいのではありませんか。

「お姉ちゃんはどうしたの？」「どこ行ったんでしょうねえ」「所帯をもったの？」「どうでしょうねえ」というふうに。

適当に受け流すのではなく、嘘をつくのでもない。おばあさんと同じ方向を見てつぶやいてみるのです。内面の事実も、事実であることに変わりはありません。誰も心まで否定することはできないのです。あなた自身にも、です。

介護職なのに母にきつく

（神奈川・Y子）

2016.3.23

？

40代の独身女性。介護職に就いているのに、同居する80代の母に、きつい言葉を投げ付けてしまいました。自分はダメな人間だなあと思ってしまいます。

母は被害妄想がひどくなっており、外出もまったくしません。精神科の医師の訪問治療を受けています。

医師が先日、「次回から訪問する医師が替わる」と告げたらしく、母は「替わるのであれば、もう来なくていい」と伝えたそうです。その日、私は仕事で出ており、帰ってその話を聞いて母に怒ってしまいました。「治す気がないなら、それでもいいけど、私たちに迷惑をかけないでください。あなたのせいで、私は正規採用の仕事を諦めて、パート勤務にしたのだから」と言ってしまったのです。

この先、母とどう向き合っていけばいいのかわかりません。今後、もっとひどいことを言ってしまいそうです。

同病相憐（あいあわ）れむ気持ちになりました。私の場合は遠距離介護ですが、あなたは外で他人を介護し、家に帰れば介護が必要なお母様と二人きり。よくやっておられるなあと頭が下がります。

❖　❖　❖

とはいえ、私のほうがまさっていると思うことが一つ。母親にきついことを言っても、自分をダメな人間とは思わないところです。そんなの自慢することじゃないだろと叱られそうですが、ストレスを溜（た）めないためには重要だと思うのでお伝えしますね。

自分がダメなのではなく、アプローチの仕方が違うと考えるのです。お母様でなくとも、あなたのせいでこうなったとか、あなたのためにやってるなどと恩着せがましく言われたら不愉快ですよね。それよりも、元気でいてほしいなあ、楽に暮らしてほしいなあ、とゆるやかな願望で伝える。お母様は意気に感じて、やってやろうじゃないかとなるかもしれません。

帰宅したら介護スイッチをオフにすることも大切です。必要最小限のこと以外は、真正面ではなく斜め四五度から他人事のように眺めて何もしない。昔から、押してダメなら引いてみろと言いますね。誰もあなたを無責任だなんて非難しませんから。いえ、させてなるもんですか。

認知症で物忘れが激しい義母

（滋賀・A子）

2016.1.22

？

50代の女性。同居する80代後半の義母が認知症で物忘れが激しく、相手をしていると参ってしまいます。

義母は要支援一の認定を受けています。体は元気で、食事や入浴、トイレは一人ででき、簡単な家事や畑仕事をしてくれるのはありがたいと思っています。

ただ、物忘れが異常に多いのです。物を片付ける場所がデタラメなため、いつも私や夫ら家族が探す羽目に。畑についても、季節の感覚がずれているため、季節外れの野菜の苗を買ってくるよう毎日のように要求し、説明しても理解してもらえません。すべてがこの調子です。

もともと気は強かったのですが、間違いを決して認めなくなりました。聞き流すようにしていますが、自分の執着がなくなるまで同じことを言い続け、「何もしてくれなくていい」と言っても通じません。心の持ちようをご助言ください。

高齢化社会の到来で、認知症の方とのコミュニケーションの齟齬(そご)があちこちで生じています。何度言っても通じない。一度思い込んだら間違いを認めない。家では今にも死にそうな声を出すのに、医師の前では妙に元気、等々。受け流すにも努力が必要ですね。

義母は体が元気であるぶん目が離せないでしょう。農作業も本人は善意なので無下(むげ)にできない。一日中一緒にいれば、介護の専門家でも音(ね)を上げるはずです。

心の持ちようをお尋ねなので、長年、遠距離介護をしている私がこの間に身に付けた思考法を一つお教えします。家族の中で主に介護を担当する人は取り越し苦労が多く、完璧を求めて先回りしがち。でも実際はいつのまにか時が解決していることって驚くほど多いんです。今すぐやらず明日やる。いや、来週でいい。そんなぐうたら介護で気分はかなり楽になります。

野菜の苗のことも義母と同じほうを向いて「へんねえ、売ってないのよ。来週また探してみるわ」とのんびり構えてはいかがですか。

今の時代、介護を免れている人はほとんどいません。一人として同じお年寄りがいないように、一つとして同じ介護はない。みんなそれぞれ大変だと思う気持ちも支えになります。

義父母ら四人の介護苦しい

（東京・M子）

2015.9.24

？

50代後半の主婦。多重介護に苦しんでいます。60代の夫と30代の子ども二人、80代の義父母の六人家族。近くの実家で80代の母と、兄が暮らしています。

三年前に義父が認知症になり、私一人で入浴やおむつ交換をしていましたがストレスで体調を崩し、今はデイサービスや訪問入浴を利用しています。さらに昨年、義母と実母が認知症になりました。兄は十三年前の交通事故による障害者。二十五年間うつ病の私も含め五人で病院の計十二科にかかっています。四人には私が付き添います。

夫は寡黙な性格で何を相談しても黙っているばかり。子どもは収入が少なく自立していません。近くの義弟夫婦もぎりぎりの生活で月に一、二度しか来ません。

四人を介護。無理でもやるしかないと思いますが、今は体を休めたい。この生活が続くと思うと絶望的になります。

前置きは省き、本題に入りましょう。あなたのケースは目下、社会問題になっている多重介護の中でも最重量級です。義父のケアマネジャーがいるようですので、早急に家族が在宅している日を調整して来てもらいましょう。あなたの病状と介護の実態を説明し、計画全体の見直しを相談してください。医療から介護まで、ケアの専門家の知恵を結集した新たな計画を提示してくれるはずです。

たとえば病院を一つにまとめる。無理なら一部を訪問診療に切り替えるだけでも通院負担は減ります。子どもも同居する限り、家事を分担するのは当然だと指摘してもらいましょう。夫にも何か一つ役割を与えてください。そして月に一度ぐらいは二人で喫茶店に出かけてはいかがですか。介護にはふれず、世間話をするだけでも気持ちはほぐれます。そのうち自分から手伝ってくれたら御の字です。

うつ病が長引くのはストレス要因が取り除かれないから。両親だけで悲鳴を上げていた私から見れば、四人も抱えて心身を病まないほうが不思議です。扶養の義務は義弟夫婦を含む家族全員にあります。一人ですべて背負わねばならないという思い込みは捨てましょう。介護に必要なのは「頼る力」だと私は思います。

Ⅳ 「私」と「社会」にまつわる人生案内

身内が精神疾患 冷たい世間

（神奈川・F子）

2020.9.15

？

40代の主婦。精神疾患のきょうだいがいます。医療機関は受診していますが、すぐによくなるというものではありません。世間の目は厳しいです。

近隣住民からは幾度となく苦情が届きました。行政に相談しても「病院に行ってください」と言われるだけ。病院に連れていくのがどれだけ大変か、知らない人はまったく知りません。

「普通」とは何なのでしょうか。法に触れる行為をしたら処罰されるべきでしょうが、いわゆる変わった人が迷惑行為をしたときには、病気として治療を受けやすい世の中になるべきではありませんか。自分を「普通」だと思っている人たちも、その意識を共有してほしいと強く思います。表から見えなくても、耐えて苦しんでいる家族は多い。それでもなんとか踏ん張って生きている。それをみなさんに知ってほしいです。

きょうだいが精神的な病を患い、苦労なさっているのですね。周囲に理解者は少なく、ご自分の運命を呪うこともあったのではないかとお察しします。

だからこそ、あなたには同じような立場の人々のことがよく見える。彼らの嘆きや、きょうだいの悲しみもありありと想像できる。「普通」とは何かと問うのも、普通か普通でないかは紙一重であり、誰もが病みうる存在だと感じてきたからではないでしょうか。

❖　❖　❖

無知は偏見を招きます。あなたのような人こそ、情報発信者になってほしいと思いますがいかがですか。

メディアは長年、犯罪や事故、迷惑行動など極端なケースにばかり注目してきたため、精神疾患への偏見を助長してきたことは否めません。その反省から近年は良質の報道も増えましたが、きょうだいの抱える困難という視点はまだ十分とはいえません。

表現の場はさまざまですが、まずは他者とつながることのできるSNSなど、自由に文章を発表できる場に踏み出してはどうでしょう。独りよがりにならないためにも全国の当事者家族とつながって、経験を分かち合うことができれば、勇気一〇〇倍でしょう。兄弟姉妹の声、ぜひ聞かせてください。

障害児の育児中夢も追いたい

（C子）

2020.1.25

？

30代自営業女性。夫と4歳の子どもとの三人暮らし。子育てと自分の夢について聞いてください。

子育て中に一念発起し、憧れていた仕事を始めました。まだ勉強中ですが、がんばっています。

出産後しばらくして、わが子が何かほかの子と違うと感じました。成長が遅いため診断を受けたところ、自閉症と判明しました。専門機関で訓練を受けさせながら、夫や母のサポートを得て、なんとか仕事は続けています。

知的障害もあり、自立できる可能性が高いとはいえません。私は一生子育てだ、と考えると落ち込みます。子どもを産んだことに後悔はありませんが、留守番すらできるのかわからない子どもの面倒を見ながら仕事を続けるのは本当に難しいです。子どもにできるだけのことはしてあげたい。でも夢も諦めたくない。私のわがままだと思います。アドバイスがあればお聞かせください。

思いの丈を打ち明けてくださって感謝します。誰があなたをわがままと思うでしょう。

今あなたが直面しているのは、困難な生をいかに生きるかという根源的な問題ではないでしょうか。このようなときに大切なのは、障害そのものによる困難と、本来は社会が整備すべきシステムが欠如していたり機能していなかったりすることによって生じる困難を切り分けて考えることです。あなたの場合は目下、後者に大きな支障を抱えておられるように思います。

仲間が見つかるといいのですが。インターネットで探せば患者と家族の団体や支援グループが見つかりますし、図書館で相談すれば当事者やその家族の手記を読むこともできるでしょう。情報交換したり悩みを打ち明けたりする場所があることは大きな支えになり、それぞれの立場でどんな解決策を見いだしてきたかを知ることは、次の一歩を踏み出す手がかりになると思います。

障害をもつ子どもを育てることと、女性の夢がバーター取引であってはなりません。そんな世の中は変えていかねばなりません。あなたの子どもは、私たちの子どもです。

❖　❖　❖

理不尽な消防団辞めたい

（C男）

2019.8.28

20代飲食店店員。消防団を辞めたいと考えています。

両親の飲食店で働いています。消防団から「入ってほしい」と言われ、団員が飲み会で店を使ってくれることから承諾しました。

消防ポンプの扱い方などを競う操法大会の選手に選ばれましたが、大会当日は仕事があり、事前に団長に伝えて中座。大会後、団長や団員が来店し、コンパニオンの女性も参加して大騒ぎに。最後に団員から「途中で抜けたら示しがつかない。俺たちをがっかりさせるな」とどなられました。地域貢献と思っていたのに、理不尽な言われ方で失望です。団長は「消防団はボランティア」と言いますが、報酬はあるはず。でも報酬は受け取れず、飲み代に。加えてコンパニオン代で数千円徴収されます。こんな消防団ばかりではないでしょうが、新しく入る人に同じ思いをさせたくありません。

❖　❖　❖

消防団は住民の志に支えられた、地域防災に不可欠な存在です。東日本大震災のときに多くの消防団員が殉職（じゅんしょく）され、使命感と責務の重さを再認識しました。あなたの場合、団員になった経緯もあるのでしょうが、今やパワハラに近い状態にある。ご心労はいかばかりかとお察しします。

非常勤の地方公務員で、年額報酬や出動手当が支給される公務なのに、報酬が飲み代やコンパニオン代に使われるのも問題です。幹部に一括に支払われて私的流用された事例を機に、総務省消防庁は個人に直接支給するよう、通知を出しています。担当局に実情を訴え、活動と報酬の透明化を図るべきでしょう。

長年の慣習が変えられずに似た状態にある消防団は、全国各地に存在するようです。親睦（しんぼく）は大事ですが、コンプライアンス意識が低いままでは新人、とくに女性や若者の入団は望めません。人口減による団員の負担軽減のため、競技性の高い操法大会を取りやめ、現場に即した訓練に転換した消防団もあります。参考になさってはどうでしょう。

町を愛する心はみな同じ。賛同者はきっと近くにいるはずです。問題意識をもつあなたのような方を中心に、改革の一歩が踏み出されるよう願っています。

娘に体のことどう伝えるか

（E子）

2019.4.19

？

40代主婦。この春、小学校に入学した娘の相談です。

娘には生まれつき体に異常があり、手術を二回受けました。現実をなかなか受け止められなかった私たち夫婦ですが、生まれてきてくれた娘の生命力と強さに逆に励まされる日々です。

娘には合併症などがありますが、それ以外はほかの子どもと変わりません。ただ、将来、妊娠や出産をすることが難しい体であるとわかりました。このことをもう少し大きくなったとき、どうやって伝えればいいのか、悩んでいます。子どもがいなくても幸せな人がたくさんいるとわかっています。でも、娘が事実を受け止めなければならなくなるときのことを思うと、つらくなります。娘と同じ経験をしていない私が軽々しく「大丈夫」などと言ってはいけない気もします。どう娘に寄り添えばいいのか、お知恵をいただけたらと思います。

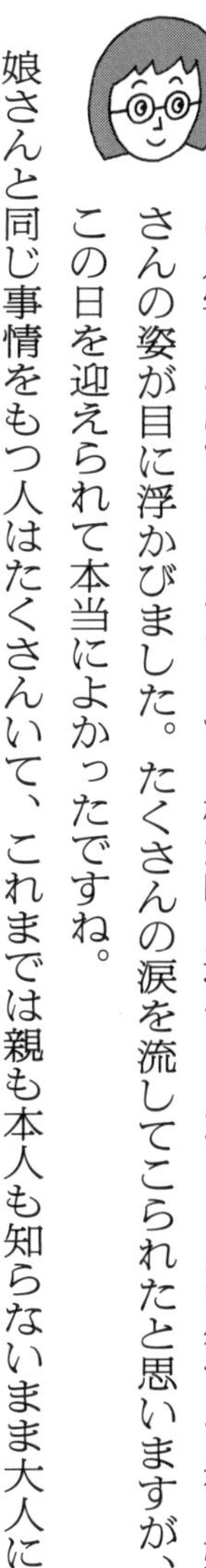

ご入学、おめでとうございます。桜が咲く道をしっかりとした足取りで歩く娘さんの姿が目に浮かびました。たくさんの涙を流してこられたと思いますが、この日を迎えられて本当によかったですね。

❖ ❖ ❖

娘さんと同じ事情をもつ人はたくさんいて、これまでは親も本人も知らないまま大人になって初めて不妊に直面していました。検査技術が進んで早い時期にわかるようになったわけですが、悩みは深いものの、心の準備ができることを前向きにとらえようとしているご夫婦のもとに娘さんが誕生したのは、とても幸いなことだと思いました。

思慮深い手紙を書かれるあなたには釈迦に説法となりそうですが、世の中には血縁や性別、国籍などを超えた多様な家族のかたちがあることを今から一緒に学べればいいですね。こんなときは書店員さんや図書館の司書さんが力になってくれるでしょう。絵本や児童書にヒントがたくさん見つかるはずです。

いつか来るその日には、娘さんがどれだけかけがえのない存在かということ、何があっても生涯支え、共に悩み考えたいと思っていることを伝えてください。きっと、感受性が豊かで、強く優しい女性に成長されることと思います。

身体障害者の上司が暴言

（東京・N子）

2017.11.29

？

40代の会社員女性。身体障害者の上司から、ひどいパワハラを受けています。

上司の着任当初から苦手な作業は手伝い、体調が悪いときは病院に行ってもらって、代わりに仕事をしてきました。しかし、私が大変なときには手助けも助言もなく、それどころか年々態度がひどくなるのです。

仕事の尻ぬぐいをさせ、私が意見を言うと、ほかの社員の前で叱責します。私が一番手助けしてきたのに、いつも怒られるのは私だけです。同僚は「あなたは優しいから不満を言いやすいのよ」と慰めてくれますが。

障害者を差別していると思われたくはなく、暴言に耐えてきました。イライラをすべて私にぶつけているのだと思っても、本人に問うことはできません。

私が親の介護で短時間勤務になり、さらに態度が悪化。上位の上司に相談してもかわされるだけ。生活のため退職はできず、異動を希望しています。

胸中お察しします。同僚が言うように、あなたは優しい人なのでしょう。なにごとも先回りして行動できる人でもあるのでしょう。今の職場では、上司の身体が不自由ということでいっそう丁寧に接してこられたのだと思います。

❖　❖　❖

誤解を恐れず申し上げますが、上司はそんなあなただから不満をぶつけているのだと思います。何を言っても刃向かってこないあなたの気遣いにいら立つのです。あなたの善意がどこまで本物なのかを試そうとしているのかもしれません。短時間勤務になって態度が悪化したのは、あなたが本当は必要だからです。甘えているのです。

今後もこの職場で働くならば、心を鬼にして上司に意見すべきです。障害があろうとなかろうと、パワハラはパワハラ。差別していると思われたくないとありますが、本音を隠し、特別扱いしてパワハラを放置していることのほうが差別です。あなたにだけ暴言が集中しているならなおさらです。

改善されなければ、事情を知る第三者を交えて会社の相談部門に話をしてみてください。さもなくば、あなたが潰れてしまいますよ。上司も本心ではそんなことを望んでいないはずです。

容姿も性格も悪く引きこもる日々

（長野・M男）

2017.11.17

？

大学生の20代男性。容姿や性格が悪いことがコンプレックスになっています。

頭が大きくて形が悪く、顔も不細工。身長も低く、足も短いです。容姿で他人を不快にさせないよう、関わらないようにしてきたため、性格も暗いのです。

小さい頃から漫画やゲーム、テレビなどを制限されてきたため、他人と話す話題がないのも悩みです。創作物では、引きこもった登場人物も他人の助けで救われることがありますが、私は助けてくれる他人も不快にさせてしまうため、ただ引きこもる日々です。

悲しい気分になることが増え、病院に行くことも考えました。でも、こんな相談をするのは他人に迷惑な行為と思え、行けません。

障害や病気をおもちの方に比べると、取るに足らない問題だと思いますが、このままだとどうにかなってしまいそうです。

手紙からわかることが二つあります。一つは、あなたの完全主義。もう一つは、幽霊の存在です。順番に説明しましょう。

完全主義はあなたが使う言葉に見てとれます。悪い、大きい、低い、短い、暗い、不快。どれも極端な表現です。容姿は悪いかよいかしかなく、性格は明るいか暗いかしかない。みんな容姿も性格もそこそこよくてそこそこ悪いのですが、あなたの世界には中庸（ちゅうよう）が存在しないようです。

あなたの周囲には、幽霊もうようよしています。手紙にはあなたを不快に思う「他人」が何人も登場するのですが、どれも実在しません。幼い頃から人とあまり関わらずに生きてきたからなのでしょうか、どれも想像の中の他人です。あなたはあなたが作った幽霊に脅かされてきたのです。

完全主義も幽霊も、一夜にして現れたわけではありません。まずは親との関係を見直してみてください。娯楽を制限するとは自由を奪い、感受性の豊かさを損なう行為だからです。ただ、あなたの苦痛を和らげるには第三者の力が必要だと思います。苦しむ人の相談にのるのが医療者です。いったい誰が迷惑と思うでしょう。最後に、微力ながらエールを送ります。痛いの、痛いの、飛んでいけー。

❖　❖　❖

苦労している顔に見られたい

（大阪・W子）

2017.7.16

？

30代のアルバイト女性。和風の丸顔で平均的な顔立ちです。子どもの頃から、人並み以上に大変な思いをしたのに、苦労している顔に見えないと言われます。

中学のときは、暴力を伴ういじめに遭いました。祖父が病気で大変な時期だったため、両親には打ち明けられずじまいです。その後、祖母も長期入院するなど、つらいことが続きました。

しかし、長いアルバイト生活の末、ようやく正社員として就職できた会社では、初日のあいさつで、初対面の上司から「お前みたいな顔立ちの女は嫌いや」と大声で言われたのです。ほかの社員からも嫌がらせを受けました。遅刻もせずにがんばったのですが、辞めざるを得ませんでした。

第一印象だけで、嫌がらせを受けるのは耐えられません。一目で苦労しているとわかる外見になるには、どうしたらいいでしょう。

❖ ❖ ❖

バラエティー番組のプロデューサーに聞いたのですが、笑いの本質はずばり他人の失敗だそうです。最近、タレントが過去のしくじりを自虐的に披露する番組が人気ですね。順風満帆に見えて実は苦労人だったというストーリーに世間が溜飲を下げるのでしょう。同情票も集まりそうです。

逆に言えば、完璧な人は疎んじられる。隙を見せられて初めて相手は安心します。美人女優がコントに出て好感度を上げるのも一例。エンターテインメントの演出では、人間の自尊心をくすぐる高等戦術が駆使されているのですね。

子ども時代の経験もあって、おそらくあなたは硬いバリアで自分を守るあまり人をはねつけてしまうところがあるのでしょう。そこで手っ取り早く同情を得ようと思いついた演出方法が、一目で苦労しているとわかる顔を手に入れることなのではありませんか。

根本的な解決になるでしょうか。顔のせいにして、目をそらしていることがあるはずです。苦労顔になって、誰に同情してほしいのでしょう。誰に一番ねぎらってほしいのでしょうか。

もうわかりましたね。いじめのこと、打ち明けてごらんなさい、ご両親に。ずっと我慢してきたんですよね。つらかったですね。

亡き友に借りた品処分に困る

（埼玉・F男）

2016.10.23

？

20代の公務員男性。友人が今夏、急逝しました。借りたままになっている本やＤＶＤをどうしたらいいかで悩んでいます。

彼とは大学時代、ある小説家のファンが集うＳＮＳで知り合いました。一緒に出かけ、小説だけでなく好きな漫画やＣＤなどを貸し借りし、悩みも話せる関係でした。

ところが音信不通になり、しばらくして共通の友人を通じ、彼の母親から「先日、亡くなりました。そっとしておいてください」と伝えられたのです。もっと一緒に過ごしたかったたし、線香を上げられないのは心残りですが、それ以上に、借りたままの物が気になります。

このまま置いておいていいものかと悩む一方、買い取り業社などへ売る気にもなれません。彼が薦めてくれた本も読み返す気力が起きず、本棚の片隅で眠ったままです。

あなたは床に置いた本の上をまたぐことはできますか。平気でまたぐ人はいるでしょうが、読書家ならきっと躊躇(ちゅうちょ)しますよね。本はモノですが、魂が宿っているような気がします。CDやDVDも同じで、処分するには自分なりの理由が必要です。たとえば、古書店に売るのは新しい読者に出会ってもらうためだとか。きれいごとに聞こえるかもしれませんが、いっときでも楽しませてくれた本や音楽に対する感謝の気持ちに嘘はありません。かくいう私も古書店で思いがけない本に出会い、新たな世界に誘(いざな)われた一人です。

❖　❖　❖

あなたの本棚の片隅に並んだ亡き友人の本。部屋での存在感は他を圧倒していることでしょう。想いが詰まっているだけに、処分をためらう気持ちはよくわかります。まずは遺族に連絡をとり、返してほしいというお気持ちがなければ、哀悼の意を込めて市場に戻してあげてはいかがですか。

たとえあなたの手を離れても、その本やDVDが流通している限り、誰かの手に渡る可能性があります。それが彼の供養になるのではないでしょうか。彼は死んでも、彼が好きだった本や音楽は生き続ける。文化とは本来、そのようにして受け継がれてきたのではないかと思います。

震災で今も心がボロボロ

（岩手・A子）

2016.3.8

？

50代の主婦。東日本大震災で両親を亡くしました。両親を捜索中に、小さな子どもたちの遺体を見てしまいました。両親の死による喪失感が大きく、子どもたちの無念さも思うと、今も心のバランスが崩れたまま。ボロボロです。

震災後に孫が生まれ、命の尊さや子は宝だということを、なおさら実感しています。だからこそ、ニュースで子どもを殺したり傷つけたりする鬼のような人を見ると、憎くて憎くてたまりません。どんな気持ちで傷つけるのか。考えると、テレビを見るのも怖くなります。

周りからはわからないでしょうが、心の中では常に、悪魔のような人にどんな方法で制裁を加えればいいか考えてしまいます。弁護士でさえも許せなくなります。

誰にも心の内を話せません。心のバランスを保つにはどうすればいいでしょうか。

お手紙を読んで、震えが止まりません。あなたが胸の内を明かしてくださらなければ、復興が進む町で今、人々の心に何が起きているのか想像することもできなかったと思います。

❖　❖　❖

痛ましい事件が報じられたとき、私たちは犠牲者の死を悼(いた)み、犯人に怒りを覚えます。でもそれ以上の行為には出ない。祈ることしかできないという態度に安住しているのです。あなたの怒りはそんなものではない。無念の死を遂げた人の悲しみをわが事として全身全霊で受け止めています。あなた自身、どれほど深い悲しみを抱えてこられたか。誰にも話せずに耐えてきた時間の中で、ご両親や子どもたちの声を聞き、他者を思いやる心の松(たい)明(まつ)を彼らから受け継がれたのだと私は思います。

誰もあなたが報復することを望みません。それよりも亡くなった方の命の灯火(ともしび)が消えぬよう、同じような経験をした人たちと共にいて、語り合ってほしい。怒りのエネルギーを優しさのエネルギーに変えてほしい。それが彼らの願いではありませんか。

悲しみはその人だけのもの。他者の悲しみを悲しむことはできません。でもきっと分かち合うことはできる。あなたにはその力があると思えてなりません。

高三
醜い性根(しょうね)を正したい

（埼玉・K子）

2016.1.13

？

高校三年の女子。自分は悪い人間です。

小さな嘘をよくつきます。自分でもなぜかわからず、やめられません。自分に嫌気が差します。

虚栄心の塊のような人間です。友人の小さな間違いも激しく追及し、叱責してしまいます。そんな日はひどく落ち込み、もう生きていたくないと思います。大切な友人も失いました。

とても卑屈です。すばらしい友人たちを心から尊敬する反面、激しく嫉妬しています。学校で友人たちと楽しく過ごしても、どこかに負の感情があります。

担任の先生や友人はほめてくれます。中学、高校とハードな運動部に所属していたからですが、たまたま入部しただけでとくにがんばったわけではなく、素直に受け止められません。

春から大学生になります。どうすれば、この醜い性根(しょうね)を正しくできるでしょうか。

否定的な言葉がたくさん並んでいるのに、ちっともあなたが嫌な人間には思えません。それどころか、こんな私だけど認めてほしいという強い欲求が伝わってくる。愛おしいほどです。

❖　❖　❖

人を許せないのはきっと、あなたが自分を許せないから。人を認められないのは、あなたが自分を認められないから。嘘をつくのをやめられないのは、あなたが自分に対して嘘をつき続けているからでしょう。

手紙にはご両親が登場しませんね。もしかしたらご両親とも、人をほめるのが苦手ではありませんか。長所より短所に目がいってしまう方ではありませんか。推測にすぎませんが、人はほめてもらわなければ、なかなか自分を好きになれないもの。小さな嘘をついてでもいい子でいなければ、人を叱責してでも正しい子でいなければ。あなたはそんなふうに追い詰められてきたのではないでしょうか。

でも心配は無用です。ほめられてもいい気にならずにいられることは、社会に出れば強みになります。自分の欠点を知っていれば、自分で自分を教育し続けることができます。そのうち、たまには悪い子のままでいる余裕だって生まれます。いい子よりも、味のある子のほうが魅力的。目指してみませんか。

政治議論でツイッター炎上

（千葉・F男）

2015.12.5

？

20代の男子大学生。ツイッターの書き込みが炎上してしまいました。

先日、ある人の日本政治についてのツイート（投稿）に、きつい言い方で反論しました。間違っていると思ったからです。相手の再反論に冷静になれず、口論のようになってしまいました。

そのうちに、相手のフォロワー（閲覧者）の怒りまで買うことになり、口論していたときの私の発言をネット上に拡散されてしまいました。さらなる批判や攻撃を受け続けています。一応は謝罪したのですが、その後も暴言を書き込まれ、つらいです。原因を作ったのは自分ですが、やりすぎだと思います。

嫌がらせをやめてもらうにはどうしたらいいでしょうか？　自分のフォロワーとのつながりをなくしたくないので、できれば、アカウント（登録名）を削除する以外の方法でお願いします。

❖　❖　❖

ツイートをしているとき、公衆の面前で裸になり、大声で叫んでいるという自覚はありますか。自分の発言はフォロワーしか読んでいないと思っている人が多いようですが、とんでもない。ツイッターをしていない私だって、今すぐあなたの発言を読めるんですよ。

一四〇字という文字制限も要注意です。情報交換には便利ですが、真意を伝えるには短すぎる。連投すればいいのでしょうが、すべての人が時間をかけて読んでくれるとは限りません。書いた端からコピーされて広がり、誤解が誤解を生んで収拾がつかなくなる。後悔先に立たず、です。

アカウントを削除するつもりがないなら、挑発には乗らずに静観していること。今後は読んだ人がどう思うかを想像しながら丁寧に発言をすることです。

万単位のフォロワーをもつ著名人のツイートを見てごらんなさい。みなさん慎重に発言し、批判にもうまく返していますね。スルーするにも技がある。彼らは常時、匿名の読者や視聴者を相手に仕事をしている練達（れんたつ）の士。彼らに倣（なら）わない手はありませんよ。

ちなみに私はずいぶん前にツイッターをやめました。もともとおしゃべりよりも、人の話をじっくり聞くほうが好きだからです。

10代男であることにモヤモヤ

（東京・A男）

2015.11.15

？

10代後半の男性。自分の性別に違和感を覚えます。はっきり女性になりたいとは思いませんが、男性であることにモヤモヤします。

「トランスジェンダー」について調べると、自分の性別をどちらかに決めず、社会生活と私生活で、男性と女性を使い分けている人がいるようです。僕には、そのように器用に生きる自信がありません。

僕は、男女とも好きになり得るバイセクシュアルです。彼女がいますが、過去に二人男性を好きになりました。トランスジェンダーでバイセクシュアルという状況を社会が受け入れるとは思えません。結婚も子育ても出世もしたいですが、日本では性的マイノリティーは弱い立場です。カウンセラーには、「自分に正直に生きればいい」と言われましたが、自分というものがわかりません。反応が怖くて家族にも打ち明けられません。僕はどこへ向かえばいいのでしょうか。

私はあなたの問いに対して一般論で答えることができません。自分に正直に生きろなどと、どんな人間にもむずかしいことを要求するつもりもありません。性的マイノリティーに対する社会の理解は、ひと昔前に比べれば格段に深まりました。だからといって、あなたの恋人や家族がそうだとは限らない。いざ自分に関係することとなれば当惑するでしょう。

❖　❖　❖

ならばここで、考え方を一八〇度転換してみてはどうでしょうか。自分がどこに向かえばいいのかと問うのではなく、向かった先で自分に何が期待されているのかを考え、いかに行動すればいいのかを問うのです。これからあなたは学校や職場、結婚や子育てなどさまざまな場面で困難に遭遇するでしょう。迫りくる課題に次々と答えを出していかねばなりません。それは個別具体的で対処法も異なります。一つとして同じ答えはない。打ち明ける日が来るかもしれないし、来ないかもしれない。それがすなわち、生きるということではないかと思います。

この宇宙にたった一人のあなたにしかつくれない、かけがえのない人生です。明日、恋人と向き合うところから始めてみてください。

V
コロナ禍と人生案内

コロナ禍で仕事失い絶望

（東京・D子）

2020.8.24

？

40代半ばの女性。未婚の実家暮らしです。新型コロナウイルスの影響で仕事を失い、自分の人生は何だったのかという気持ちになっています。

就職氷河期世代で就職浪人。資格を取ってやっと採用された旅行会社で十年近くがんばり、契約社員でも昇進して役職もつきました。しかし、異動してきた上司のパワハラで体調を崩して退職。その後は、旅行関連の外資系企業で派遣社員として約十年間働いてきました。

無期雇用にもなりましたが、新型コロナの影響で業績が悪化し、働く場を失ってしまうことに。この年齢でこの経済情勢の中、次の仕事が見つかる希望はありません。絶望してうつのような状態になり、通院しています。

私の人生って何なのでしょうか。不運でつらい思いばかり。先が見えなくて苦しいです。

大変な事態になったと感じています。人一倍努力してその道のプロとなったあなたのような人からも大切な仕事を奪うのが、今、世界中が陥っている状況なのだと思いました。

どうか自分を責めないでください。就職難もパワハラも感染症も、あなたが招いた災いではありません。同様の経験をしている人は一定数おり、あなたは決して孤独ではありません。

最近、貧困層を対象に低金利の無担保融資を行うグラミン銀行の創設者で、ノーベル平和賞を受賞したムハマド・ユヌス博士の講演を聴く機会がありました。印象的だったのは、これからは人類共通の課題に力を合わせる時代になるということです。そのためにも利潤を追求する従来型のビジネスだけでなく、貧困や温暖化など社会的課題を解決する「ソーシャルビジネス」が必要だともおっしゃっていました。後者の可能性は未知数ですが、国内でも少しずつさまざまな試みが始まっているようです。

これまでの業界とは違うかもしれないけれど、へこたれない精神の持ち主であるあなたの豊富な知識と経験を必要とする場所はきっとあるはずです。ご自分が口火を切ってもいいのです。絶望するには早すぎる。応援しています。

❖　❖　❖

感染対策守らぬ客 私に逆ギレ

（兵庫・T子）

2020.7.17

30代女性。新型コロナウイルスの感染対策で、人と人との距離を確保する「ソーシャル・ディスタンス」をめぐる相談です。

あるファストフード店で、私の隣席は使用禁止なのに年配の女性客が座りました。注意すると「私はもう年寄りだからいつ死んだっていいのよ」と逆ギレ。店側から注意するよう頼みましたが、注意されてもその客は聞き入れません。

非常識な人間のために席を移動したくなかったのでそのまま食べ続けましたが、その客は私に対する嫌みを、近くに座っていた知人らしき人にずっと言っていました。店側は一度注意しただけで様子を見に来ることもなく、その対応に納得できず本部に電話したところ、店長から謝罪されて終わりました。あの客のように他者への配慮もない人間がいるから、感染者がいなくならないのだと思います。考えすぎでしょうか。

不愉快な思いをされましたね。同様のことは今、世界中で起きているでしょう。私にも経験があります。先日、カフェで着席不可の貼り紙がある隣席に人が座り、先に来ていた横の客と話し始めたため、そっと席を移動しました。

店員さんに注意してもらうこともできましたが、それをしなかったのは、たんに波風を立てたくなかったからです。誰もがピリピリしている今、これ以上嫌な思いをしたくないという気持ちのほうが大きかった。接客のリスクを抱えながら働いている店員さんを巻き込みたくなかったという思いもあります。

正解はないのです。物事に白黒つけたい傾向のある人には居心地の悪い状況でしょう。でもリスクに対する考え方が人それぞれである以上、すべて一律に線を引いて他人を従わせるのは困難です。二度と同じ思いをしたくないなら、混雑が予想される時間帯を避けるのが次善の策でしょう。

ウイルスは私たちの体にも大量に存在します。すべてが悪者ではありません。ワクチンを開発するために必要な血液やデータを提供してくれているのは、感染した人たちです。寛容さを忘れず、ウイルスとの共生を模索するときだと思いますがいかがですか。

❖　❖　❖

両親の不仲が原因で自傷行為

（東京・Y子）

2021.1.25

?

19歳の女子大学一年生。この一年ほどで両親の不仲が悪化し、ゆううつです。

私は中学生の頃から自傷行為をしており、今も抗うつ剤を飲むような病状があります。進学した大学は登校するかオンラインかは自己選択なので、私は交通費や安全面を考慮して自宅で受講しています。昼間はずっと一人です。共働きの両親は不仲で、私はそれが自分の病状の原因だと思っているのですが、父は理解しているものの、母は自覚していません。先日も、自傷行為をしてしまったと母に伝えたのですが、「心療内科に行くか」と提案されただけでした。

こんな状況が続くより離婚してほしいですが、また家族で笑いたいという気持ちもあります。私は長女のためか、自分にとって負担でも、両親の不仲を解消しなければならないと気負ってしまっているようです。

最善の行動がわからず苦しいです。

長引く自粛生活で家族との距離がうまく保てず、両親の不和の影響をもろに被っている状態なのですね。こういうときは家を出るのが一番ですが、それが難しい。まるで換気できない部屋で窒息しそうなあなたを想像すると、胸が痛みます。

❖　❖　❖

自傷行為はSOSのサインです。本当は今すぐにでも専門医を受診していただきたい。母親に、さも自分は無関係とでもいうように気遣われたことにいら立ち、落胆しているのかもしれませんが、それとこれとは切り離して考えたほうがいいと私は思います。

あなたは担わなくてもいい重荷を背負わされています。登校できないストレスにそんな余計な負担が加わっているのですから、あなたでなくても具合は悪くなります。専門医ならそのあたりを見抜き、治療やカウンセリングなど適切な方向を示してくれるでしょう。

最近は、信頼できる専門家によるリモートでの診察や遠隔カウンセリングも始まっています。まずは大学の学生相談室に問い合わせてみてはどうでしょうか。

とにかくコロナが落ち着いたら一刻も早く家を出ることです。自分を守れるのは自分だけ。自分を守れない人に家族は守れません。

コロナ禍で亡くなった母に後悔ばかり

(神奈川・N子)

2021.2.28

？

50代の女性。母を亡くし、仕事も失いました。私は一人っ子で、父は他界。母は三年前に転倒してから要介護状態でしたが、デイサービスも施設も嫌だと言い、私は疲労で暴言を吐いたりつらく当ったりしました。昨年春に母は転倒して入院。コロナ禍でほとんど面会できず、母は私に捨てられたと思ったのか食事も喉を通らず、三カ月後に亡くなりました。

つらく当たったことが申し訳なくて謝罪の手紙を何度も送り、わずかな面会時にも謝りました。母は「ありがとう」と二回言ってくれましたが、今も後悔ばかりです。もっと優しくしてあげれば、もっともっと話を聞いてあげればよかった。

20代から働き続けた職場は昨年秋に閉鎖。コロナ禍で友人ともほぼ会えず、毎日一人で家にいます。孤独と不安と罪悪感の中で私はどう生きればいいのでしょうか。

同じ頃、私も母を亡くしました。面会を制限されていたため、私の母も娘に捨てられたと思ったでしょう。精いっぱい介護してきたつもりですが、ふと思い出しては、もっとできることがあったのではないかと後悔の念がよぎります。

❖　❖　❖

新型コロナウイルスの影響で、あちこちで同じような別れの光景があったと思います。

あなた一人ではないからがんばってと励ましているのではありません。普段から、そばにいる家族に愛していると伝えるのは、なんと難しいことかと改めて思うのです。

入院中のお母様に何度も手紙を送ったのですね。お母様は「ありがとう」と二回もおっしゃったのですね。過去がどうあれ、最後の最後にお母様はあなたの愛をちゃんと受け取ってくださった。すばらしいではありませんか。それこそ生きる励みではありませんか。

人生の後半は恩返しの時間です。お母様にしていただいたことを、今度はあなたが誰かにして差し上げてください。もっと話を聞いてあげたかったと思うなら、たとえば病院や施設でお年寄りの話を聞く傾聴ボランティアはどうですか。たくさんの人生を知ることで、あなた自身が豊かになります。孤独も味わい深いものに変化するはずです。

アプリで出会った彼の親結婚に反対

（千葉・I子）

2020.12.6

?

40代の女性会社員。彼との関係で悩んでいます。私はバツイチで子どもはいません。離婚で男性への不信感がありましたが、このままでは何も変わらないと思い、昨年末にマッチングアプリに登録し、彼氏ができました。五歳下の30代後半で、結婚歴のない人です。緊急事態宣言中に手術を受けたのですが、誰とも面会できない中、彼が精神的に支えてくれました。

交際半年後に「結婚したい」と言われましたが、その三日後に「親に反対されたからもう会えない」と。「実家暮らしで自立していない」「全部ダメだ」などとあげつらい、親子の縁を切るとまで言ったそうです。彼は親に借金などで迷惑をかけたことがあるため、説得する気はないそうです。

でも、彼とは離れられません。ズルズル会っていますが、彼が何を考えているのか勇気がなくて聞けません。

知人の男性が婚活アプリで知り合った女性と結婚しました。とても似合いのカップルで、今どきのシステムも案外いいのかもしれないと感じたのですが、あなたの手紙を読んで気づかされたことがありました。アプリでは希望相手の条件を書き込みますが、家族との関係性まではなかなか想定できないということです。

緊急事態宣言が出ている最中に手術を受けることになり、心細い時間を彼が支えてくれたのでしょう。知り合ってまだ一年にもなりませんし、離れがたい状態なのだと思います。

ところが、親の反対で彼の態度は急変した。ずいぶんひどいことを言う親だとは思いますが、それよりも、親が放った批判を包み隠さずあなたに伝えてしまう彼に思慮の浅さと思いやりのなさを感じたのですが、いかがですか。

いずれ同じことを繰り返すでしょうから、傷が浅いうちにお別れするのがよいと思いますが、こればかりは愛情が絡むので難しいですよね。でも、あなた自身も薄々感じているから手紙をくださったのでは。

問題は親よりも彼にありますよ。来年の今頃は景色がずいぶん変わっているでしょう。彼に囚(とら)われず、自分の世界を広げることを考えてみてください。

❖　❖　❖

母がGPSやLINEで私に過干渉

（大阪・G子）

2020.10.2

？

20代の女性。事務職です。いくつになっても、私や姉に対する母親の過干渉が止まりません。仕事や遊びの行き帰りに「着いた」「帰る」の連絡は必須。外出中はGPS（全地球測位システム）で位置を確認し、電話やLINEで連絡し続ける。誰かと遊んだら「相手と日付を特定できる画像を撮ってこい」「メッセージを見せろ」と言う。友人のLINEは母の前で消しました。

一人暮らしは母が許さず、仮にしたところで毎日電話してきたり家に来たりして、何も変わらないと思います。実際、姉が仕事の都合で短期間、一人暮らしをしたときは、そのような状況でした。

毎日怒られ、恐怖と不安で謝る日々です。そのためか他人にもすぐ謝ってしまい、「もっと自信をもてば」と言われてしまいます。父は当てになりません。私はどうすればいいのでしょうか。

成人した娘の位置情報を調べたり、LINEを削除させたりするのは過干渉の域を越え、自尊心を傷つけるストーカー行為に近いものです。お母様自身の生い立ちや夫婦関係に遠因があると思われますが、ここは一刻も早くあなたが家

を出る必要があるでしょう。

電話に毎回は出ないとか、押しかけてきてもドアを開けないなど、毅然とした態度で距離を置くしかありません。このままでは恋愛や結婚にも口を出され身動きが取れなくなります。

❖　❖　❖

とはいえ、今までできなかったことを急に明日やれと言われても難しいですよね。子どもは大人に言えない秘密を持ち、自分だけの世界を守りながら成長するものですが、お母様は隠し事はよくないと叱り、娘のすべてを支配してきたようですから、あなたも親離れの心細さを味わうことになるかもしれません。

少し勇気が必要ですが、母親に理解してもらおうとか、ほめてもらおうという考えをやめることです。あなたを認め、評価する人はこれから生きていく中で必ず現れます。今は社会人としてのスキルを磨き、多くの人と交流してください。娘には娘の世界があることを態度で示すことが、今のあなた自身に最も大切なことだと思います。

就活生 自分の性格好きではない

（千葉・Y子）

2021.3.8

？

20代の女子大学生。就職活動中ですが、自分の性格に悩んでいます。

私は人の気持ちを想像するのが得意だと思っています。表情や言葉遣い、行動などから「この人はこんなふうに考えているのだろうな」と考え、気になります。就活に向けて自己分析を重ねていますが、友人からも協調性があると言われ、診断を受けてもそのような結果が出ました。でも、私自身はその性格があまり好きではありません。気遣いをしすぎてストレスがたまったり、過度に人目を気にしてしまったり。本当は人づきあいも苦手なのですが、自分に社交性がないと思いたくないので、対人能力を鍛えるために初対面の人と会う機会を増やすなどしています。成長するためと信じてやってきましたが、自分が成長しているかどうかわかりません。

抽象的で申し訳ありませんが、どんな心持ちでいたらいいかアドバイスをお願いします。

ご愁傷様です。あなたはまったく不適任な回答者にあたってしまいました。というのも、私は学生時代の就活で、ある会社の適性検査に落ちたクチなのです。

❖　❖　❖

検査では、人づきあいが好きかどうか、集団活動できるかどうか、ストレスに強いかどうか、過度に人目を気にするかどうか、などいろんな質問に回答していきますよね。あなたも試しに受けたそうですが、結果は自分が好きな自分ではなかった。なぜなら本当の自分とは違うから。

じゃあ本当の自分ってどんな自分なのか。成長させるべき点はどこなのか。そんな問いの袋小路に陥ってしまっているようですね。

自分がどんな性格なのか、そんなことは分析できなくていいのです。大切なのは、志望する会社や仕事相手がどんな人間を求めているのかを知ること。それにふさわしい回答や振る舞いができるかどうかが問われているのです。

人間は矛盾に満ちた存在です。今日はイエスでも明日はノー。それでも生きていけるのが人間です。でも一度狙いを定めたら、ぶれてはいけません。なーんてことがあの頃わかっていたら、私はここで回答者をしていなかったでしょうね。

家族ががん 何ができる

（東京・A子）

2021.6.20

?

15歳の女子。高校一年生です。家族について悩んでいます。

私の父は、まだ私が幼い頃にがんを患い、それから再発を繰り返していました。そして、ついに今年になって、父の余命は一年であることが私たち家族に宣告されました。さらに、母方の祖父もがんを患っています。最近になって、がんの進行度は最も重い「ステージ4」であることが、私たちに告げられました。

父と祖父の深刻な病状に直面して、母は泣いています。私には母の背中をさすることしかできません。

自分は両親や祖父のために一体何ができるのだろうか、と考え続けています。友だちなど周りの人には相談できません。誰にも話せないせいか、最近では、自分の気持ちが不安定になってしまうようなことも増えています。

私は家族のために、何ができるのでしょうか。教えていただけたら幸いです。

家族を気遣うあなたの優しさと強さに頭が下がります。お母様はどれほど心強いことかと思います。

お母様が背負っている重荷は計り知れないでしょうが、あなたが代わりに背負えるものではありません。すでに家事の手伝いなどはしているでしょうから、今の気持ちのままお母様の後方支援を続けてください。

❖　❖　❖

感染症対策で多くの病院が面会を制限している現状では、いったん入院すると十分なコミュニケーションがとれなくなってしまいます。身の回りのことも病院にお任せする体制になれば、家族にできることはほとんどありません。

そのときのためにも、お祖父様とお父様の話をよく聞いて差し上げてください。あなたも話したいことを話してください。いざとなると何を聞けばいいのか、何を話せばいいのかわからなくなってしまうかもしれません。そんなときはそばにいるだけでいい。泣いたって、怒ったっていいのです。あなたはあなたの感情に正直であってください。

お二人はこれから全身全霊で大切なことを教えてくださるでしょう。注意深く丁寧に受け取ってください。それが今のあなたにできることです。

勤続三十年身を引くか

（千葉・S子）

2020.6.29

？

50代後半の女性会社員。同世代の主人と独立した子どもたちがいます。仕事についての相談です。

新卒で入った会社で三十年以上働きましたが、しばらく前から意欲が出ません。後輩たちが非常に優秀で、私が会社に貢献できることはもうないと思えるのです。私がいることで業務改善を阻(はば)むならいっそ身を引いたほうがいいのでは、という考えも頭をよぎります。

実は、新たにチャレンジしてみたい仕事があります。収入は激減しますが、生活に困らない程度あればいいのでは、とも。それでも決断できずにいるのは、これまで退職を考えるたびに「もう少しだけ頑張ってみよう」と乗り越えてきたから。苦楽を共にし、支え合った仲間もいる会社を飛び出すことに寂しさも感じます。

どう考えたらいいのでしょうか。決めるのは自分自身だということはわかっています。

多くの先人が立ち止まってきた問いです。会社には人生の半分以上の時間を捧(ささ)げてきたのですから、迷いがないほうが不思議です。ただ、今のあなたはこれまでとは違う。会社のためにもそろそろ引き時だと思うようになったのですね。

❖　❖　❖

余生と呼ぶには長すぎる退職後の人生、自分を生かす新たなステージに気づいたのでしょう。コロナ下で自らを振り返る時間ができたことは、決して無駄ではなかったのです。幸いにして、あなたにはチャレンジしたい仕事がある。この三十余年は無駄でもなんでもない。子育てをしながら懸命に働いてきたからこそ見えた、新たなターゲットではないですか。

仲間との関係も断たれるわけではない。苦楽を共にした彼らはあなたの宝物。旅立ちを心から祝福してくれる最大の理解者のはずです。男女雇用機会均等法が施行された最初期の世代として培(つちか)った知恵と力を、ぜひ次の場所で生かしてください。新しい職場ではあなたは新人ですから、謙虚さだけは忘れぬように。

私の知人にも、早期退職して非営利団体で社会貢献活動に従事している人がいます。収入面の不安はあるが、やらずにはいられなかったと話していました。かっこいいと思います。

エピローグ

もっと激辛！人生案内

祖父と同居　接し方わからない

（埼玉・D子）

2018.5.24

？

20歳の女性会社員。一緒に暮らす祖父の相談です。

短大時代から母方の祖父のマンションに下宿しています。今春社会人になりましたが、祖父の体調もあまりよくなく、見守りを兼ねて同居中です。金銭面では助かりますが、祖父との接し方がわからず、会社に泊まり込みたい気持ちです。

私の部屋はなく、寝るときは茶の間のこたつをどかして布団を敷きます。先日、慣れない社会人生活で疲れた私は風呂上がりに上を着ず、半分裸で布団をかぶり寝てしまいました。翌朝、着た覚えのないパジャマ姿でした。祖父に聞くと「違う違う」の一点張りでしたが、祖父が着せたのだと確信しました。

祖父にとって私はまだ赤ちゃんのままかもしれませんが、もう社会人です。いつまでも赤ちゃん扱いされ、プライバシーがゼロなのが許せません。

あなたの寝ている茶の間は、もともとおじいさんにとって何かと大事な部屋だったと思います。テレビや電話、書棚があるかもしれません。こたつでちょっとした書き物をしたり、テレビを見ながら晩酌したりする日もあったでしょう。

そこに突然、あなたが居候し始めたのです。見守り役にちょうどいいと、あなたのお母さんは安易に考えたのでしょう。おじいさんのプライバシーはなくなりました。しかも、あなたはとんでもなくだらしない女性ときてる。もう20歳の社会人だというのに、風呂から上がるなり半裸で爆睡してしまうのですから。

風邪をひかぬようパジャマを着せてもらったのに、赤ちゃん扱いするなと怒り出す。そうでなくとも窮屈な思いをしていたおじいさんは踏んだり蹴ったりです。だいたい着替えさせてもらっているのに気づかないあなたもどうかしてます。結局あなたもお母さんも、おじいさんに甘えてきただけではないですか。

いい機会です。おじいさんにはこれまでの感謝を伝え、そろそろ自立しましょう。今どきはプライバシーが保たれた比較的安価なシェアハウスもあります。もしおじいさんに介護が必要になっても、それはまずお母さんの責任です。

❖　❖　❖

60代男性 母校大学に劣等感

（香川・G男）

2017.10.2

？

60代の男性。母校の大学について劣等感が消えず、悩まされ続けています。

大学受験期にひどいノイローゼ状態になって、成績が急降下しました。国立大の受験校のレベルを大幅に下げましたが、結果は不合格でした。結局、担任に勧められ、行きたくない二流の私立大に入学しました。

本当ならば、もっと偏差値の高い大学や学部に進めていたと思うと、いまだに後悔ばかりです。通院して正常な精神状態で受験できていたら結果は違ったと思うのです。

当時のことを、あとになって存命中の父に話しました。「少しも知らなかった。ただ、今頃、そんなことを言っても遅い。宿命だと考えて諦めろ」という返事しか得られませんでした。

何度も宿命だと考えましたが、やはり劣等感が消えることはありません。よほど愉快なことがない限り、日々、挫折感がくすぶっています。

❖　❖　❖

学歴を自慢する人には辟易（へきえき）しますが、学歴への劣等感に執着する人にもうんざりします。両者に共通するのは学歴以外に話題がないこと。まあ、モテません。あなたがそうだというわけではありませんが、同様のアクシデントに遭遇しても、みんながみんなコンプレックスをもつわけではない。ここには別の問題が隠れているように思えます。

ヒントは手紙に書かれていました。父親に打ち明けたところ、こう言われたそうですね。

「宿命だと考えて諦めろ」

いけませんね。これでは未来が閉ざされてしまいます。せめて「気の毒だったがこれも運命だ。これから挽回（ばんかい）すればいい」と言ってくれていたら、人生がどれだけ楽になったでしょう。

あなたの劣等感の原因は大学ではなく、あなたを評価しようとしなかった父親だったのではないですか。高校時代、体調の相談もできないほど隔たりのあった父親があなたの「宿命」を刻印付け、劣等感をより深刻なものにしたのです。

学歴など、自分の意思で変えられる「運命」であって、生まれる前から決まっている「宿命」ではありません。父親はとんでもない間違いを犯しました。さあ、残りの人生、急いで挽回してやりましょう。

落ち着きのないクラス困る

（東京・F男）

2017.8.21

?

中学一年の男子。私立校に通っています。中学受験で第一志望に落ちてしまい、割り切って今の中学に入学しましたが、クラスの生徒があまりにうるさく、落ち着きがないため、困っています。

共学校で女子生徒もいますが、うまくつきあえていません。中学生になって変化が多すぎて、自分でもどうしたらいいかわかりません。小学校が楽しかったので、なおさら居づらく感じます。

入学してからしばらくたてば、クラスも落ち着くと思っていました。でも、一向にその気配がありません。がんばって前向きに捉えようとするのですが、どうしても、たまに否定的になってしまいます。

気が付けば、第一志望に落ちた自分を責めていたりします。最近は疲れて、集中力も落ちました。どうしたらいいでしょうか。

❖　❖　❖

今のあなた、安全柵の向こうから檻(おり)を覗(のぞ)く動物園の客のようですね。クラスメートをまるで珍獣のように眺めています。

志望校に落ちた当初はあなたみたいに感じる人は多いのでしょうが、そのうち「まあいいや」と妥協していきます。ところがあなたは違う。このままではよくないと思うからこそ、手紙をくださったのですね。

正直な話、無理に学校を好きになる必要なんてないですよ。居場所などそう簡単に見つかりません。ああでもないこうでもないと試行錯誤の連続です。

目指すものがあるのですか。あったとして、そこは今の学校からはたどり着けない場所ですか。おそらくそんなことはないですね。

至極当たり前の回答ですが、学校よりもちゃんと人を見てほしいと思います。集団ではなく、一人ひとりの人です。うるさいばかりですか。ふと気になる表情を見せる人はいませんか。

待っていてばかりではだめ。自分から話しかけてください。部活もいいですね。同じ時を過ごすなら、今を楽しむほうがいい。未来につながる鍵を手にする可能性だってあります。

心置きなく語り合える友人ができたとき、檻の中にいたのは自分だったと気づくはずです。

半世紀前の離婚を後悔

（東京・U男）

2019.5.18

？

80代男性。五十二年前に離婚した相手の女性のことで悩んでいます。

結婚後、その女性の肩が張っていて、男性のような体形であることに嫌気がさしました。別れたいと思い、私は女性を無視しました。女性はいたたまれなくなって家を出て、七カ月で結婚生活は終わりを迎えました。

今思えば、なんて非情なことをしたのだろうと、深く反省する毎日です。体形が男性的だというだけで、相手を傷つけ、不幸にしてしまいました。最近やたらと彼女のことを思い出し、悔やまれてなりません。

今の妻は非常にきつい性格で言葉遣いも悪く、常に争いの日々です。だから余計に別れた彼女のことが残念でなりません。そして私には子どもがおらず、私の死後、墓が無縁仏になることについて、親に申し訳ないと思っています。今後の残り少ない人生を、どのような償いの心構えで生きていけばいいのでしょうか。

あなたからみれば娘のような年齢の私に手紙が届いてしまいました。生意気を申し上げるようですが、一読して、元妻はあなたと離婚して本当によかったとつくづく思いました。

あなたが彼女にしたことは、今ではモラルハラスメントと呼ばれる精神的暴力です。自分が彼女を不幸にしたと考えるなんて不遜きわまりない。早いうちにあなたから逃れられたのは、不幸中の幸いであったといえるでしょう。彼女は彼女の人生をしっかりと歩んでおられると思います。

困ったのはあなた自身です。現在の妻の欠点をあげつらい、家を継ぐ子ができなかったのが親に申し訳ないという。元妻への償いについてのご相談かと思いきや、今一番気になるのは墓のこと。いや逆でした。こんな老後になったのはなぜかと考えるうちに、自ら切り捨てたもう一つの人生が惜しくなったのでしょう。

遅きに失しましたが、それでも気づいてよかったと思います。ボランティアでも寄付でもいいのです。これからは天に徳を積むつもりで、人知れずよきことをなさってください。謝罪すべきは、あなたに与えられたかけがえのない人生に対してではないでしょうか。

❖　❖　❖

猫飼うのに猛反対の妻

（兵庫・D男）

2017.8.30

？

40代の自営業男性。飼い猫が死にました。また飼いたいのですが、妻は猛反対です。

私は愛猫家で、子どもの頃から猫を飼ってきました。結婚後も捨て猫を拾ってかわいがっていましたが、昨年死にました。やっと心が落ち着き、再び飼いたくなったのです。自営業なので妻も働いています。ストレスのせいか、「猫を飼うなら私が家を出る」とまで言います。けんかが増え、ウンザリしています。

妻がしたいということは、特別な理由がなければ反対したことがありません。猫を飼うことにも特段の反対理由がないのだから、拒否するのはおかしいと思います。

猫を飼うかどうかで、夫婦仲にこんなに亀裂が入ってしまうとは。妻は私を自分勝手だと罵（ののし）ります。私は自分勝手なのでしょうか。家を出るというのはただの脅しかもしれませんが、強引に飼っていいものか悩んでいます。

家を出ていくとは穏やかではありませんね。実行するかどうかはともかく、そう言いたくなるほど強い意思表示なのでしょう。

❖　❖　❖

そもそも妻はあなたの猫好きを承知で結婚したはずです。それが今では断固拒否。あなたは妻は理由がないのに反対していると思っているようですが、問題は猫を飼うことよりも、あなたのその認識にあるような気がしてなりません。

これまでの日々を振り返ってみて思い当たることはありませんか。あなたが猫を見ている間、妻は何を見ていたのでしょう。そんなこと、想像したこともなかったのではないですか。

ある編集者の話ですが、彼女はどんなに寂しくても絶対に猫は飼わないと宣言しています。愛情がペットで満たされてしまい、結婚したくなくなるのが怖いからだそうです。なるほど、ペットとの距離をうまく保たないと異性関係に影響が及ぶこともあるのかと得心(とくしん)しました。

あなたの愛情はどうですか。今のままでは猫も気の毒です。猫のことは横に置いて、妻の言い分をしっかり聞きましょう。仏の顔も三度までだったのです。

別れた彼が亡くなった

（京都・O子）

2017.5.30

？

20代の会社員女性。別れた彼氏が亡くなったと知りました。今まで感じたことのない、言い表せないほどの悲しみに襲われ、毎日毎日、泣いてばかりです。

私にとって初めてできた彼氏でした。昨年夏、彼が夢を追いかけて遠くの大学に進学することになり、お互いのために別れを決めました。でも、心の中ではまだまだ好きでした。いつかまた会いたいなあと思って過ごしていた最中の訃報でした。

あのときこうしておけばよかった、伝えられなかった思いをちゃんと伝えておけばよかった……。そんな後悔と自責の念に押し潰されそうです。彼に会えないと思うとつらくなります。

少しずつ気持ちは安定してきましたが、この先、何を楽しみにし、何のために生きていけばいいかわからなくなりました。こんな弱い自分はみっともなく、情けないです。

今の時代、遠く離れていても電話やパソコンで相手の顔を見ながら話せますし、連休を利用すれば会うこともできる。お互いのために別れる、とはよく使われる表現ですが、実際は気持ちが離れた側の都合のいい言い訳ではないかと常々思っています。

❖　❖　❖

まどろっこしい言い方はやめましょう。あなたは仕事を辞めてまで、夢追い人の彼にはついて行けなかったのですね。後悔と自責の念に苛まれるのはそのためでしょう。彼はきっと自分を確立できない段階で、ついて来てくれとは言えなかったのだと思います。

自分は弱く情けないと書いていますが、そうでしょうか。この期に及んで、自分の楽しみやこの先の人生を心配している。厳しい言い方になりますが、もし私が遺族なら、ずいぶん自己中心的で鈍感な人だと思うでしょう。

死の理由はわかりませんが、あなた以上に彼は泣いたはずです。将来の楽しみも、どう生きていけばいいのかという不安も、彼にはもう存在しないのです。

人生は後悔と自責の連続です。みんなことさら話題にはしないだけ。自己憐憫の涙は拭いて、あなたはあなたの道を歩むことです。

黙とうしない同僚不愉快

（愛知・E男）

2021.4.22

？

今から一年前の三月十一日のことです。朝に職場の館内放送で、東日本大震災で亡くなられた方々の冥福を祈る黙とうの呼びかけがあり、午後二時四十六分に黙とうしました。ところが、黙とうと同時に一人の女性が部屋を出てしまったのです。

黙とう後に戻ってきたので理由を尋ねると、「思い出したくないから」と。しかし、黙とうをしないのは、亡くなられた方々やご遺族らに対して大変失礼ではないかと思います。

彼女はベテランで仕事を教えてもらうことも多く、頼らざるを得ないのですが、以前からデリカシーがないなど気になるところがあっても適当にあしらってきました。しかし黙とうのことは受け入れられません。

今年の三月十一日も同様でした。こんな人とどんなつきあいをしたらいいのでしょうか。

聖書の有名なエピソードを思い出しました。弟子たちに祈り方を教える場面で、イエスは言いました。祈るときは人に見てもらおうとして会堂や大通りで祈るのではなく、奥まった部屋で戸を閉めて一人静かに祈りなさいと。

❖　❖　❖

人と共に祈ることを否定するのではありません。祈りというとても私的な行為を見せびらかすこと、ほめられようと振る舞うことに苦言を呈しています。

みんなと心を合わせて祈るのは大切なことだと思います。今年も同じ日の同じ時間、各地で祈りが捧げられたことでしょう。

あなたはどうでしたか。部屋を出ていった彼女が気になって仕方なかった。普段からデリカシーがないことにいら立っていた。よし、新聞に投書してやろう。そんな気持ちで黙とうしていたことは、亡くなった方や遺族に対して失礼にはあたりませんか。

三六五日、毎日誰かの命日です。館内放送で一斉に黙とうすれば真摯なのか。祈りは強制されるものではないと考える人がいても不思議ではないでしょう。

彼女が奥まった部屋で祈っているかどうかは誰もわかりません。ただ少なくとも、他人が土足で踏み込む場所ではないことは確かだと思います。

本書は読売新聞の「人生案内」に、
二〇一五年九月～二〇二一年六月に
掲載されたものから六八本を再構成し、
加筆・修正したものです。

日本音楽著作権協会（出）
許諾第二一〇六四七八－一〇一号

最相葉月 さいしょう・はづき

1963年東京生まれの兵庫県神戸市育ち。関西学院大学法学部卒業。

著書に、『絶対音感』『青いバラ』『星新一 一〇〇一話をつくった人』『れるられる』『セラピスト』『ナグネ 中国朝鮮族の友と日本』『最相葉月 仕事の手帳』など多数。

ミシマ社では『辛口サイショーの人生案内』(シリーズ・コーヒーと一冊)『胎児のはなし』(増﨑英明との共著)『未来への周遊券』(瀬名秀明との共著)を刊行。


辛口サイショーの人生案内DX(デラックス)

2021年8月30日　初版第1刷発行

著者　最相葉月

発行者　三島邦弘
発行所　株式会社ミシマ社
郵便番号　152-0035
東京都目黒区自由が丘2-6-13
電話　03-3724-5616 ／ FAX　03-3724-5618
e-mail　hatena@mishimasha.com
URL　http://www.mishimasha.com/
振替　00160-1-372976

装丁　寄藤文平・古屋郁美（文平銀座）
装画・挿画　佐藤ジュンコ

印刷・製本　シナノ印刷株式会社
組版　有限会社エヴリ・シンク

ISBN 978-4-909394-55-2

シリーズ・コーヒーと一冊

辛口サイショーの人生案内

最相葉月

就職、結婚、不倫……

どんな質問にも、容赦なく真正面から答えてくれ、思わず背筋がピンとなる。

誰もが訊きたかった46の質問！

最相氏が長年務める読売新聞の人気連載「人生案内」の書籍化第1弾。

ISBN978-4-903908-71-7　1000円

胎児のはなし

最相葉月・増﨑英明

経験していない人はいない。なのに、誰も知らない「赤ん坊になる前」のこと。

産婦人科界を牽引した「先生」に、生徒サイショーが妊娠・出産の「そもそも」から

衝撃の科学的発見、最新医療のことまで全てを訊く。全人類（？）必読の一冊。

ISBN978-4-909394-17-0　1900円

未来への周遊券

最相葉月・瀬名秀明

この切符の終着駅はどこだろう？

「瀬名さん、準備はよろしいですか？」「最相さん、切符は手にしました」

こうして始まった、1年半にわたる往復書簡。

手紙が行き交うたびに紡がれる、未来へ語り継ぐべき言葉の数々。

二人の「物語る力」が暗闇と希望をつないでいく。

ISBN978-4-903908-17-5　1500円